Star
星出版

新觀點
新思維
新眼界

模是趨勢
模是趨勢

小規模是趨勢

小規模是趨勢
小規模是趨勢
小規模是趨勢

掌握 AI 和新一代新創公司
如何改寫未來經濟模式

UNSCALED

How AI and a New Generation of Upstarts
Are Creating the Economy of the Future

賀曼・塔內賈 Hemant Taneja
凱文・曼尼 Kevin Maney 著
李芳齡 譯

目錄

第一部　一個新紀元誕生了

第1章　去規模化　6

第2章　人工智慧世紀　39

第二部　全面顛覆

第3章　能源業：你家將有自己的乾淨發電廠　74

第4章　醫療保健業：
基因組研究和人工智慧將幫助延長壽命　107

第5章　教育業：
教育個人化，利用多元管道終生學習　141

第6章　金融業：數位貨幣與財務健全　165

第7章　媒體業：你喜愛的內容將會自動找上你　189

第8章　消費性產品業：
你買的都是你真正想要的東西　212

小規模是趨勢
UNSCALED

第三部　為美好未來做出選擇

第 9 章　政策：
為建造美好的人工智慧世紀做出重要抉擇　236

第10章　企業：
為規模化企業規劃一個去規模化的未來　259

第11章　個人：
人人都是創業家，把人生當作新創企業經營　277

謝詞　291

注釋　293

第一部

一個新紀元誕生了

1

去規模化

整個二十世紀，技術與經濟學驅動了一個主流邏輯：愈大，幾乎總是愈好。世界各地的目標是建立更大的企業、更大的醫院、更大的政府、更大的學校、更大的銀行、更大的農場、更大的電力網、更大的媒體集團。彼時的明智之舉是擴大規模，利用規模經濟。

在二十一世紀，技術與經濟學驅動了相反的邏輯：企業與社會的「去規模化」（unscaling）。「去規模化」遠非只是新創公司顛覆既有企業的現象而已，這股力量正在推翻上個世紀的規模化，轉為極度專注市場。人工智慧和由人工智慧驅動的科技，使得創新者能夠有效地以「去規模化經濟」（economies of unscale）來對抗規模經濟，這項巨大的轉變正在改造根深蒂固的巨型產業，例如能源業、交通運輸業、醫療保健業等，為創業者、富有想像力的公司，以及足智多謀的個人，開啟驚人的可能性。

若你覺得現在的工作、生活和政治等領域，似乎全都混亂無序，就是拜這項轉變所賜；我們正在經歷自1900年左右以後不曾見過的變化。1900年左右，包括汽車、電力、電訊在內的一波新技術，改變了人們的工作與生活（詳見後文）；現在，我們正在經歷一波具有類似作用的重大革新技術，人工智慧、基因組研究、機器人技術、3D列印等科技，正在入侵我們的生活。人工智慧是主要的驅動力，正在改變近乎一切，就如同一百多年前的電力技術為一切帶來的改變，我們正在目睹人工智慧世紀的誕生。

在人工智慧和由數位科技驅動的經濟中，專注、敏捷的小公司，能夠利用技術平台，有效地和針對大眾市場的大公司競爭。小公司能夠這麼做，是因為它們可以租用以往公司必須自行建立的規模，在雲端租用電腦運算力，在社群媒體上租用通往消費者的管道，向世界各地的承包製造商租用生產，而且可以使用人工智慧，把以往需要昂貴投資於設備及人力的許多作業予以自動化。

由於人工智慧是一種能夠學習的軟體，能夠學習個別顧客的喜好，讓公司能夠在可租用的技術平台上，相當容易且具獲利性地生產出迎合狹窄、但被高度熱愛的市場產品——甚至只有單一顧客的市場。以往的大眾市場，正在被微型市場取代，這是「去規模化」的本質精髓：科技正在降低大量生產和大量行銷的價值，提高客製化微型生產和精準行銷的能力與價值。

如今，在許多情況中，藉著擁有大規模來擊敗競爭者的舊策略，已經變成一種不利條件與負擔。舉例來說，資源充沛的寶鹼公司（Procter & Gamble）發現，廉價刮鬍刀俱樂部（Dollar Shave Club）之類的新型競爭者構成了威脅，能夠租用到公司營運所需的許多能力，把產品和服務快速地推到市場上，瞄準一個狹窄的市場區隔，必要時能夠靈活改變策略。至於通用汽車公司（General Motors），目前也正在仿效、追趕特斯拉（Tesla）。而大型連鎖醫院面對瞄準了特定科別病患（例如糖尿病）的人工智慧型行動應用程式，則是不知道該如何反應。去規模化經濟，正在形成一種競爭優勢。

我是創投者，經常投資新創公司，「去規模化」已經變成我的投資核心理念。我資助或幫助打造能夠利用人工智慧和其他前瞻科技的新事業，例如機器人技術、基因組研究等，從傳統大型企業獲取商機和顧客。在堅持「去規模化」的理念下，我們的創投公司投資了許多具開創性的公司，例如Snapchat的母公司色拉布（Snap Inc.）、線上支付服務公司市泰普（Stripe）、愛彼迎（Airbnb）、線上平價眼鏡公司華比帕克（Warby Parker），以及由好萊塢影星潔西卡．艾芭（Jessica Alba）等人創辦的美國誠實公司（The Honest Company）等。

「去規模化」的理念，也引領我去幫助一些非營利組織，例如重新想像教育的可汗學院（Khan Academy），以及重新想像電力制度的先進能源經濟協會（Advanced Energy Economy）。我從事的活動，讓我對去規模化有更深、更廣的視野與洞察，幫助我更加宏觀。

我在利萬客（Livongo，取名自「life on the go」）擔任常務董事，這家公司的故事例示了人工智慧和去規模化帶來的改變，顯示去規模化能夠在降低醫療保健成本的同時，也提高成效。美國每年的平均醫療保健花費都高於其他國家——高達3.5兆美元，約占國內生產毛額（GDP）的18％，人民、企業領袖和政治人物，全都迫切希望控制這些成本，但又不想因此減損醫療保健品質。人工智慧和去規模化能夠提供一些幫助，讓醫療保健持續變得更個人化，同時幫助預防更多人生病。

我在2014年幫助葛蘭．圖爾曼（Glen Tullman）推動利萬客起飛，他是該公司的首任執行長。圖爾曼出生於芝加哥近郊，大學念的是經濟學和人類學，對於一個在科技界擔任執行長並建立功績的人來說，這是有點不尋常的教育背景。完成高等教育後，圖爾曼任職過幾家軟體公司，1997年曾接掌陷入困境的麥賽斯醫藥公司（Allscripts-

Misys）。麥賽斯創立於1982年，名為Medic Computer Systems，十多年來，不大有章法地忙於開發醫療管理軟體，圖爾曼團隊接掌公司後進行調整，聚焦於開發幫助醫生以電子方式開立處方籤的軟體。花了兩年改善麥賽斯後，圖爾曼領導該公司以20億美元的估值公開上市，並且繼續擔任執行長，直到2012年。

我和圖爾曼結識於我們兩人分別獨立投資一家名為Humedica的醫療資料分析公司，該公司於2013年被聯合健康集團（UnitedHealth Group）收購。在出售該公司後，我想和圖爾曼繼續共事，於是我們開始在醫療保健業，尋找一個值得投資的概念。

圖爾曼對糖尿病特別感興趣，首先，這是全球成長最快速的一種疾病，光是美國，就有超過3,000萬名糖尿病患者。其次，我們也知道，糖尿病是一種可管控的疾病；小心控制血糖的病患，可以過著相當正常的生活。不過，圖爾曼對糖尿病的興趣，還有個人因素。他說：「我的小兒子八歲時，被診斷出罹患第一型糖尿病。我的母親是第二型糖尿病患者，我的生活有一大部分被糖尿病環繞，深切體會到維持糖尿病患者的健康，是多麼困難的一件事。」[1]

糖尿病患者通常必須購買昂貴的血糖檢測試紙，每天要刺手指頭好幾次，把血滴在試紙上檢測血糖，再自行判讀數值。這整套檢測程序有種種的問題，包括：試紙昂貴；人們不喜歡自行戳刺手指頭；若血糖飆高或過低，患者可能昏倒或發作癲癇。長期而言，因為患者難以有效自行照料自己，糖尿病可能導致合併症，例如視力模糊或失明、腎臟相關疾病、心臟相關疾病等。

圖爾曼和我討論了這些問題的矯正之道，我們如此架構著問題：若我們能夠設法消除麻煩，讓糖尿病患者使用我們取自矽谷的卓越創新，花更少時間管理血糖，而且做得比醫療體系好呢？我們遇到了一位發明者，他發明了一種無線血糖儀，使用一種器材來測量血糖，透過無線網路，把數值傳送給醫療專業人員。圖爾曼買下了這項技術，我們於2014年創立利萬客，為糖尿病患者提供服務。

利萬客的方法簡單且聚焦：它給你一個小小的行動器材，這個器材既是血糖儀，也是計步器，因此可以用來追蹤你的運動情形。它利用蜂巢式行動網路，經由雲端，把測量到的數值，傳送至利萬客的軟體上。當糖尿病患者測量血糖值時，這個行動器材便把數值傳回利萬客，利萬客的人工智慧系統辨識出這位病患，若系統研判數值有問題，就會發送訊息給病患，提醒他／她吃點東西，或是出去走一走，從事有助益的活動。若系統研判問題嚴重，病患將在幾分鐘內，接到醫療專業人員的電話，進一步測量血糖。

你大概料想得到，圖爾曼讓他的兒子山姆註冊這項服務，所以有親身體驗。截至本書撰寫之際，山姆已經二十一歲了，是賓州大學美式足球隊隊員。圖爾曼憶述他最近在賓大美式足球隊一場比賽前和山姆碰面時的談話：「我到達那裡時，山姆說：『嘿，老爸，我要跟你分享一件事。』我以為是關於美式足球、運動或女孩的事，但他說：『我第一次深刻感受到利萬客的協助。』我說：『聽起來不錯嘛，什麼情況？』山姆說：『昨晚，大約凌晨四點，我醒來，我的血糖值37。』山姆身高190公分，大概快110公斤，他知道在那樣的血糖值下，他連站都站不起來。他說：『我不知道該怎麼辦，我的室友不在，我不知道該不該打電話叫救護車。但我的電話響了，對方說她是凱莉。』我問山姆：『誰是凱莉？』他說：『你的員工，她是你們合格的糖尿病衛教人員。她教我爬到冰箱那邊，她說若我中途昏倒了，她會打電話叫救護車，但還好一切都順利解決了。』山姆又說：『我體認到，你做的不是個人營利事業，是確保人們不再感到孤單的生意。』」

利萬客發展出一種幫助人們管理糖尿病的方法，這是絕不可能由傳統醫療界發展出來的方法。它並未取代醫生，但能夠幫助糖尿病患者妥善管理生活，使他們較不需要醫生或醫院的照料，最終為病患省下很多錢，也為整個社會節省了不少醫療保健成本。但這要如何去規模化呢？

過去四、五十年，在大量生產與大量行銷、充滿高果糖漿的玉米穀片及飲料的助長之下，高碳水化合物飲食導致肥胖症、乃至糖尿病盛行。醫療界把糖尿病患者大致區分為兩型，第一型糖尿病跟基因有關，第二型糖尿病跟飲食有關，然後施以標準治療，這是典型的大眾市場醫療方法。醫療保健業規模化以應付需求，興建糖尿病中心和更多醫院，以類似組裝線生產模式來處理每位病患，幾乎每個內分泌科醫生的看診時間都排滿了，每個病患一年只能就診醫生幾次，做相同的檢查。

可是，在非就診期間，病患的血糖值可能有所變化、起起伏伏，到了危險的程度，病情可能加劇。上較大型醫院的次數增加，醫療成本增加；光是在美國的醫療保健體系中，糖尿病一年花費的成本就高達3,000億美元。全球的情況只會愈趨嚴峻，預估十年內，中國的糖尿病患者將比美國人口還多。規模化模式無法應付不斷增加的糖尿病患人數，也無法為糖尿病患者提供他們真正想要的——健康的生活。

實際上，每個糖尿病患者的病情不一，最好的醫療方法因人而異。利萬客這間新創公司，能夠藉由智慧型手機和雲端運算之類的技術平台，快速建立產品，供應給全美的病患，最終供應全球市場。軟體和來自病患的即時個人資料，使利萬客能夠提供更個人化的照護，讓病患感覺身處「一人市場」（market of one），而非只是大眾市場中、不足為道的個人，因此更加滿意。新科技的發展，使得利萬客得以敏捷地與嬌生（Johnson & Johnson）及聯合健康集團等大型同業競爭，從它們手上搶走愈來愈多的顧客，以具獲利性的模式，提供更個人化的服務。

採用人工智慧技術的個人化照護，使得更多糖尿病患者在更多時間下，保持良好的健康狀態，可望讓美國人花費於糖尿病的醫療照護支出降低達1,000億美元。去規模化的解決方案，能夠帶來徹底、有效的改變，藉由幫助人們保持健康，降低醫療保健成本，使得國家在節省支出的同時，人民更健康、更快樂、生產力更高。

這種現象在世界各地一個又一個產業發生，利萬客只是其中一個較小的例子而已。

規模經濟優勢不再

規模的影響力，存在了超過一個世紀。規模經濟是一種競爭優勢，運作的方式如下：若一間公司花了10億美元，發展出一項實體產品，興建一座工廠，用量產來分攤成本，在極致情況下，若該公司生產了10億件這種產品，平均每單位產品的成本，就只有1美元，於是規模為這間公司帶來勝過其他競爭者的成本優勢。不只如此，規模還帶來其他優勢，包括使該公司能和供應商談判更低價格，有資金買廣告，席捲大眾媒體。一旦一間公司建立了巨大規模，累積了種種優勢，規模就能形成一道抵擋競爭者的巨大屏障，新進者必須以極大成本來建立這種規模，才能有效挑戰高度規模化的龍頭公司。

在許多方面，有很長一段期間，規模帶給社會淨益處。規模使世界成就了許多了不起的東西，例如全球金融、航空、普及的醫療保健、網際網路，規模化產業使過去五十年間脫離貧窮的人數，超過先前五百年間脫離貧窮的人數。

然而，我們現在共同參與打造的世界，運作的方式有所不同。小型的新創公司經常把巨型企業搞得暈頭轉向，現在由服務熱情顧客構成的利基型市場，勝過迎合顧客卻只達到一般滿意程度的大眾市場，畢竟誰不喜歡只針對自己量身打造的產品或服務？像這樣的例子，有很多如今已變得眾所周知，例如優步（Uber）顛覆了歷史悠久的計程車公司，Airbnb以創新取勝萬豪國際集團（Marriott International）這類精明的旅館業公司。

類似的現象已經發生了好一段時間，我們現在都知道，習慣於當個商業強權的大公司和悠久的百年企業，現在必須懼怕在車庫起家的兩人新創公司。不過，去規模化如今已經逐漸變成一種普遍的現象，全面顛覆經濟體系中的種種部門及產業。在後續各章節將會探討，規模與成功的關係遭到推翻，勝出者將不再是利用規模經濟優勢的人，而是那些利用去規模化經濟的人。這一股始於2007年左右的趨勢，將在未來二十年間持續發展。

去規模化所形成的世界，是否對大多數的人有益，將取決於我們現在開始做出的選擇。這些將是重大、困難的抉擇，是有關科技的責任、教育的角色、工作的性質、人類的定義的選擇。我們必須確保去規模化革命，將會造福廣大的社會，而非只是造福少數富人或科技先進者，這些都是巨大的責任。

雖然存在一些必須正視的嚴肅課題，但是關於去規模化及相關先進科技的消息，大多是正面的。我們開啟了一些新途徑，有助於解決全球重大問題，包括氣候變遷、節節飆升的醫療保健成本等。若我們做出正確選擇，去規模化將可扭轉大規模工業化帶來的許多禍害，幫助創造一個比過去更美好的未來。但是，我們才剛展開這段旅程而已，現在來預測人工智慧和去規模化的全部細節，就猶如在1980年代微軟提倡在每個家庭和每張書桌和辦公桌上，擺上一部電腦時預測個人電腦的影響力一般。不過，大致上可以確定的是，去規模化將是我們的未來，是強大的人工智慧技術發展下的結果。忽視或否定這點，都是不負責任的心態，我們最好還是了解這個巨大變化，妥善引導，收割它帶來的益處。

去規模化的原動力：租用平台

強大人工智慧技術和去規模化經濟力量的崛起，可以追溯至2007年。當時，蘋果的iPhone、臉書和亞馬遜網路服務（Amazon Web Services, AWS）約莫同時開創行動、社交和雲端平台，拜這些平台之賜，我們有愈來愈多的工作與生活轉移到線上，資料量呈爆炸性成長。起初，資料量爆增看起來只不過是有更多資料可供商業探勘利用，我們甚至稱為「大數據」（Big Data），彷彿這就是它的唯一用處。但不久後，就出現了重大發展，大數據擁有更重要的用處：人工智慧技術歷經了漫長、一波三折、令人失望的發展歷史之後，大數據帶來了關鍵性的重大突破，把人工智慧變成一股改變世界的強大力量。其他的創新科技，例如虛擬實境、機器人技術、基因組研究等，現在也因為人工智慧的驅動力，有了突破性的進展。

這些革新技術正逐漸變成全球性平台的基礎。數十年來，世界上創造出種種平台——州際高速公路、網際網路、行動電話網路、雲端運算服務、社群網路，這些都是平台。平台的重要性在於能夠為你做某件事，使你不必自己動手做，例如貨運公司不必自行鋪設道路以運送啤酒，app開發者不必自行建立行動網路或app商店以供應軟體給用戶。平台愈多，個別公司或孤獨的創業者，就愈不需要自己動手做很多事，以創造、生產、行銷和遞送產品或服務。

在二十世紀絕大部分的時期，縱使已經有一些平台問世，例如高速公路系統等，大多數的公司仍然必須自備多種能力，垂直整合型企業就是在這種需求下應運而生的。所謂的「垂直整合」指的是，一間公司本身擁有把單一構想轉化為產品或服務，再遞送至顧客府上所涉及的種種作業能力。例如，這間公司可能擁有一個研發產品的實驗室、一座生產零組件的工廠、一座把這些零組件組裝成完整商品的工廠、一個通路系統，甚至還可能擁有自己的零售店。這代表的是，這間公司必須花費很多時間和金錢來建立巨大規模，一旦建立出規模，便形成進入障礙，使得新進者難以競爭，因為要建立這種規模極為困難。

到了1990年代，因為電腦使用的普及化、網際網路問世、全球化，我們開始看到垂直整合型企業的基礎裂縫——去規模化的初兆。很多公司發現，可以把整個部門的作業外包給其他公司、甚至外包給其他國家，暢銷書作家暨《紐約時報》(*The New York Times*) 專欄作家湯馬斯・佛里曼 (Thomas Friedman) 提出的「世界是平的」觀念，背後原理就是這種全球連結性質的外包趨勢。

我們使用新技術建立的平台愈多，就有愈多公司能夠仰賴這些平台來分擔工作，進入障礙就會持續降低。新進者的實際規模可能很小，但借助平台之力，它們看起來顯得頗大。例如前文提過的，線上眼鏡公司華比帕克，以及由潔西卡・艾芭等人創立的消費性與健康產品企業美國誠實公司，這些商業新秀能夠快速透過網際網路，對全球市場進行銷售，和歷史悠久的眼鏡製造商和消費性產品巨人競爭。一個由新創公司驅動顛覆的新紀元已經到來。

平台的建立在2007年左右，開始加速增生。智慧型手機和行動網路，讓新產品和服務能夠觸及幾乎任何地方的任何人。社群網絡暴增，為公司提供通往人群和打廣告的新管道；雲端運算平台，讓任何創業者可以只購買、使用一台筆記型電腦，就創立一家電腦運算密集型的數位公司，只要在亞馬遜網路服務上點選幾項設定，輸入一張信用卡的卡號，就可以開始對全球銷售。

在此同時，更多商業變成數位化，包括音樂、新聞、線上零售、軟體即服務（software as a service）等。數位事業尤其能夠有效利用平台，在世界上的任何地點，立即設計、打造、行銷、遞送產品。隨著更多商業數位化，公司可以蒐集到幾乎任何人事物，包括顧客、產品、交易、物流等的更多資料，更多資料將使軟體和平台變得更聰敏，這形成了一個加速的良性循環。伴隨這種趨勢的加速——建立更多數位平台，把更多商業變成數位商業，進而產生更多資料，我們來到了一個轉折點，商業動能與以往大不相同。

在iPhone問世十年後的2017年，平台已經能做幾乎一家企業能做的所有事。個人可以在自家地下室創辦一間全球性公司，靠著租用以往大公司必須自己建立的種種能力，和產業龍頭競爭。比方說，華比帕克可以在雲端服務租用運算力，透過社群網絡和搜尋引擎連結消費者，租用承包製造商的生產線，再租用聯邦快遞（FedEx）和優比速（UPS）的遞送服務，把眼鏡送到消費者的手上。這是「去規模化」的本質：公司可以租用規模，本身不再需要擁有規模，這改變了一切。

必須強調的是，去規模化是一種才剛開始的趨勢。隨著人工智慧和其他創新科技的崛起與發展成平台，未來會有很多小型的新創公司，能以服務大眾市場型的大公司想像不到的模式來服務顧客。將有愈來愈多的創業者，利用平台打造高度迎合利基市場的精準客製化產品，找到並銷售產品給位於世界任何地方的熱情顧客，賺取以往只有規模經濟才能創造出的利潤。至於被規模拖累的大公司，將愈來愈難贏過高度專業化，而且能夠快速調整、改變的產品和服務。人工智慧和去規模化的力量，正在拆解二十一世紀的經濟，以截然不同的方式進行重組。

十年間的大變化

去規模化背後的人工智慧引擎崛起，本身是一個宏偉的科技業故事。蘋果公司在2007年推出iPhone，在此之前，已經有智慧型手機品牌，例如黑莓機（Blackberry）和諾基亞（Nokia），但性能遠不及iPhone；更重要的是，蘋果公司推出了「行動應用程式」（app）的概念。在接下來的十年間，行動裝置從原本只是一項時髦的科技配件，變成大多數人的日常主要工具，用來連結存取於雲端的各種軟體、資料和服務。在2007年以前，甚至到了2010年時，「雲端運算」是很多人都不懂的乏味科技概念；如今，大多數人都知道它概略代表了一個事實——我們使用的多數資料和軟體，存放在某巨大資料中心的電腦裡，我們透過無線網路進行連結。

2007年左右，幾個重要的科技平台誕生，並在後來的多年間穩穩扎根。線上商務巨人亞馬遜公司，在2006年推出了亞馬遜網路服務，讓每個軟體開發者都有能力推出雲端型軟體產品，成為創業家。臉書創立於2004年，但是直到2007年，才轉變成一個平台，開放軟體開發者在平台上推出應用程式。這些發展加總起來，使得2007年可稱為最近一波人工智慧革命的起點；行動運算、雲端運算和社群網絡的結合，共同孕育出這一波新的革命。

2007年，網際網路使用者僅僅十億多人；到了2016年，成長至三十億人。2007年，全球智慧型手機用戶僅約一億人；到了2016年，已經成長到超過二十五億人。[2]

新平台讓新世代的創業者，重新想像做事的方法，打造出極具顛覆性的全新應用程式。起初，平台上出現了相機、手電筒、地圖、出版、音樂等應用程式，在你的手機或雲端上運作，生成了巨量的資料。由於智慧型手機和雲端運算技術，使得在巴黎等計程車等到沮喪的崔維斯．卡蘭尼克（Travis Kalanick）和葛瑞．坎普（Garrett Camp），得以重新想像透過app叫車的情境，因而創立了Uber。雲端型社交圖譜（social graph）的概念，為Airbnb的創辦人提供了一條途徑，連結各地的房東與房客，建立一個信任制度。愛爾蘭的年輕兄弟檔約翰．柯里森（John Collison）和派屈克．柯里森（Patrick Collison），看出使用雲端運算來為軟體開發者提供一種接受世界各地付款的方式，遂而創立Stripe。伊凡．史匹格（Evan Spiegel）把通訊重新想像成比以往更縹緲的網際網路體驗，因而創立了Snapchat。

在短短十年間，幾個重要的科技平台，徹底改變了三十億人的工作與生活方式。伴隨內容、社群和商務持續往線上移動，我們蒐集到以往從未蒐集到的資料——關於你買了什麼、閱讀了什麼、認識誰、去過哪裡等的資料。這些精細又龐大的資料，讓很多公司獲得振奮人心的全新洞察，開發出更多新產品和服務。這些資料也被餵給人工智慧機器學習軟體，資料量愈細、愈多，功能就愈強大，因為每次互動都使得它獲得更多學習。

我的個人經歷與洞察

我並未充分了解2007年發生的事，還差一點就完全忽視。且聽我解釋原因，說明我如何發現去規模化的力量。這個故事得回溯到我的生長之地——印度新德里。

我的父母很明智，認知到像我們這樣的家庭，在印度是沒有公平競爭的機會。他們沒有資源可以為我和我妹妹提供世界級水準的教育，因此當我的伯父提出為我們申請綠卡時，我父母選擇孤注一擲，為了讓我和妹妹有機會在一個更平等的社會中謀求發展。這是我們家做出的最大冒險，這個經驗或許也幫助我了解為願景冒險的價值，這正是身為創投家的我正在做的事。

我們剛到美國的那些年，生活很不容易。我們住在麻州布魯克萊恩鎮（Brookline）的一個地下室，睡在鍋爐邊，相信我，那絕對不是有趣的事！中學時，我必須在當地一間CVS藥局打工以幫助家計，我的工時很長，但這一切並不令我感到辛苦。我的新學校令我興趣盎然，我非常驚喜於有機會選擇自己喜歡和想讀的課程，在印度，我們沒得選課。在美國，我熱勁十足，高中畢業前就以自主學習和自訂進度的方式，完成了大一的科學及數學必修課程。這些經驗令我難忘，也影響了我對於由人工智慧驅動的去規模化紀元的個人化教育的想法。

上了麻省理工學院之後，我繼續秉持自主學習和自訂進度的心態，決定以我自己的速度學習，盡我所能地選修許多科系的課程。我記得，我很早就認知到，所有的課程都拿A，固然是了不起的成就，但長期而言，亮麗的成績其實不重要。所以，我常常蹺課，還開玩笑地告訴我朋友薩爾曼・可汗（Salman Khan），學校課程對我而言，不是太快，就是太慢。無論如何，至少這是我蹺課的理由啦。多年後，薩爾曼創立了可汗學院，以自訂進度的學習做為他早期改革教育的施力點。

大四時，我已經修完了大量的課程，但沒有任何一個科系有足夠的必修學分，可以取得學位（我最後在麻省理工學院，取得了六個不同學科的學位。）我想認識不同的學科，使自己能夠跨領域思考。在我的職涯中，這種「系統思考」（systems thinking）的方法，幫助我把經濟體系各領域的訊號連結起來，看出更大的趨勢。

進入二十一世紀時，行動網路技術的發展吸引了我，我決定從麻省理工學院的博士班輟學，但我的母親至今仍然不諒解我的這項決定。輟學後，我成為行動網路技術領域的創業者，和我的一些朋友共同創立了一家軟體公司，打造簡化app開發流程的工具。我們的使命是幫助軟體開發者改寫原創於1980年代和1990年代的軟體，使人們使用起來感覺更自然。

如今回顧，我們太早放棄我們的使命了，幾年後就把這個事業賣掉了。當時，手機和通訊網路還未能幫助推進這番願景，但是再過個五、六年就行了。2001年賣掉這個事業之後，我進入當時創立僅僅一年、位於大波士頓地區的廣通育成（General Catalyst）創投公司。起初，我投資於傳統的軟體公司，但那些公司的發展並不理想，因此我轉而尋找一個更遠大的新陣線，最後選擇了能源產業，瞄準解決氣候變遷問題。

我就是在此再度轉向，看出結合行動運算、社群網絡和雲端運算的革命，以及人工智慧的前景。我在2006年把投資眼光轉向能源產業，部分是因為我認為軟體科技業已經熄火，但是投資能源產業也教了我重要幾課，引領我得出現在的去規模化思想。在一個受管制的產業，公司的動機往往是服務監管當局，而非服務顧客；受管制公司的經濟效益，使得公司極度缺乏創新誘因，這可能導致能源業這類受管制的產業，成為擁有創新點子的創業者瞄準顛覆的目標。

我投資科技公司的種種經驗匯集起來，使我看到一個整體的模式：不是我涉入的每一個產業，正在分別經歷獨特的轉變，而是整個全球經濟正在經歷重大轉變，而這項重大的轉變帶動了所有產業和部門的轉變。我們正在從量產銷售給多數人的大眾化產品，變成打造迎合熱情、小眾顧客的高度個人化產品，而且價格往往較低。當然，顧客會選擇個人化產品，因為是根據自己的需求和喜好量身打造的。「去規模化」心態思考的是：「我能夠打造什麼東西，使每個人都滿意？」這和上個世紀的量產心態大不相同：「我能夠打造什麼東西，銷售給最多的人？」

我發現這種轉變正在發生時，便決定遷居矽谷，更接近那些驅動去規模化現象的創業者。我的第一筆投資是給線上支付服務公司Stripe，該公司的創辦人約莫跟我同一時間，從波士頓遷往舊金山灣區。Stripe聚焦於幫助新的線上事業輕鬆處理付款作業，讓全球各地的小公司取得通常只有和大銀行往來才能有的付款處理服務，這些服務內建於軟體中，而且費用遠遠低於銀行的收費。之後，各式各樣的新公司誕生，為新創公司提供後勤作業服務，使它們的運作流暢度和精細度，不遜色於《財星》500大企業（*Fortune* 500）的專業水準。這類平台讓新創公司能夠專注於重要事務，那就是以優異的產品和服務來取悅顧客。

2012年，一次難忘的會面，徹底改變了我對未來的展望。我們創投公司錄用了一名剛從史丹佛大學畢業的新鮮人，他告訴我們，幾名仍然在學的史丹佛大學學生，開發了一款有趣的應用程式，讓使用者傳送的簡訊和照片，在發送一段時間之後自動消失，這款應用程式名為Snapchat。我們安排了一場會議，和開發此應用程式的學生伊凡・史匹格和鮑比・墨菲（Bobby Murphy）見面，一起檢視他們的創意。伊凡的解釋使我認知到，過去近二十年，我們的數位談話是極不自然的。整個人類史的絕大部分時間，人們的交談是不會留下紀錄的，不會被拷貝、發送給別人，也不會被拿來分析，提供製作廣告參考。換言之，Snapchat不像email、臉書上的貼文、聊天，或推特（Twitter）上的推文，讓我們的電子通訊，更像面對面交談，不會留下紀錄或足跡。

當時，我的第一個重大思想立刻浮現：我們終於進入科技順應人類，而不是人類適應科技的紀元了。我回顧了我的科技知識，重新思考，認知到我們即將改造非常多的事物。從2007年到2017年，拜行動運算、社群網絡和雲端運算之賜，電腦的運算能力和網路連結，可以說是全球無所不在、無遠弗屆。基本上，透過雲端，就能取得你需要的電腦運算能力；至於網路連結，幾乎世界各地都能便宜、便利取得。

摩爾定律與梅特卡夫定律交會

長久以來，摩爾定律（Moore's Law）被用以描述電腦運算能力的變化速度，矽谷先驅、英特爾（Intel）共同創辦人高登・摩爾（Gordon Moore）在1965年提出這個概念——微處理器上可容納的電晶體數目，每十八個月可在相同價格下增加一倍；這意味的是，電腦運算能力每十八個月可在相同價格下增強一倍。[3]這種成長動力，使電腦可以持續不斷地變得更好、更便宜，進入我們日常生活的各個方面。

乙太網路（Ethernet，最早的電腦區域網路系統之一）共同發明人羅伯特・梅特卡夫（Robert Metcalfe），在1980年代對網路的指數型力量做出如下解釋：一個網路的價值與其用戶數的平方成正比。在這種指數型成長動力下，伴隨網際網路用戶數從1995年成長至2015年的超過三十億，網際網路的力量與價值劇增，產生的社會與經濟影響，遠遠大於其用戶數。

摩爾定律使電腦運算能力廉價、容易取得，現在幾乎每個人或每件物品，都能夠取得、應用電腦運算能力。在梅特卡夫定律（Metcalfe's Law）的效應下，把內容、社群和商務轉移到線上，非常有助於創造和快速擴增價值。過去數十年來，這些技術一直是驅動改變的極大力量，但現在摩爾定律和梅特卡夫定律正進入報酬遞減階段；這意味的是，一、微處理器無法再變得遠遠更小、更快速；二，若全世界能夠連結網路的人，都已經連上網路了，梅特卡夫定律的效益就會逐漸縮小。

不過，有一股新的後摩爾／梅特卡夫動力正在發揮作用。基本上，雲端運算是摩爾定律和梅特卡夫定律的交會點——資料、電腦運算能力和網路連結匯集；現在，我們可以平價供應微處理器，人人的口袋都有智慧型手機，可以用來處理許多事務，而且幾乎萬事萬物連網，產生一個包含這一切的即時反饋迴路。這個即時反饋迴路驅動了去規模化，因為它讓人工智慧型軟體能夠持續不斷地學習顧客和整個快速變動的世界，使公司從中獲得更多、更正確的洞察，提供個別顧客真正想要或需要的東西。

在摩爾定律和梅特卡夫定律的交會處，去規模化經濟與雲端連結成正比；經濟體的去規模化能力，隨著每一個新增的雲端連結呈線性成長。這些趨勢現正匯集起來，引領我們進入一個新科技時代。

二十世紀初期，我們也經歷過一場相似的宏偉革命。當時，電報、電話、電視、汽車、飛機和大規模電氣化，把地球從緩慢、地方性的生活型態，推進至快速、全球化的生活型態。1800年代的人們，絕對想像不到1920年代的世界模樣。

經濟學家卡蘿塔·裴瑞茲（Carlota Perez）在其著作《技術革命與財務資本》（*Technological Revolutions and Financial Capital*）中，闡釋了這類革命的影響：「技術革命迸發時，並非只是在以往的生產結構中，增加了一些頗具動能的新產業，而是提供把所有既有產業與活動現代化的手段。」根據她的理論概念，我們現在正處於由人工智慧驅動的去規模化安裝（installation）階段，在這個階段：「被革命的產業和基礎建設數量達到了夠大的臨界量，結合起來對抗既有典範的頑強抵抗。」[4]未來二十年，這場革命將會到達轉折點，邁入運作（deployment）階段，如同裴瑞茲所言：「最終，引領出不同的生活方式。」

在本書撰寫之際，包括IBM、谷歌、臉書、亞馬遜和蘋果在內，許多公司趕著創立人工智慧平台，還有許多公司趕著發展虛擬實境（virtual reality, VR）和擴增實境（augmented reality, AR）平台，相同情形也發生在物聯網、基因組研究、區塊鏈和3D列印等領域。所有的創新科技綜合發展，很可能比2007年的行動運算、社群網絡和雲端運算等技術的發展更為重要，而且它們將會相輔相成、互相增強，形成一種複利效應。

每一種產業都將受到影響，就連那些看似古老、不受數位轉型影響的產業，例如醫療保健業和能源業，甚至政府，都不能倖免。若說去規模化力量首先於2007年至

2017年間釋放，那麼在2017年至2027年間，力道將會增強十倍，因為我們創造的種種新技術將會產生複利效應。

去規模化的世界

雖然我們無法預測去規模化的所有結果，但去規模化的世界有一些層面，是可以預料得到的。把行動運算、雲端運算、物聯網、擴增實境、軟體和人工智慧等技術匯集起來，將得出一個全面連結、有各種裝置支應的星球；基本上，就是創造出一個人、地、物高度連結的完整系統。我們將能夠蒐集幾乎所有人、事、物的資料，更了解這個世界在總體層次和微層次上是如何運作的。

去規模化將涉及從「本身擁有」轉變成「取得服務」，例如，交通運輸將會變成一種隨需取用的服務。在大多數人的預算中，擁有一部車是一項昂貴支出，若你居住在都市，可能不再需要擁有一部車，而是使用Uber之類的叫車服務。你叫來的可能是一輛自動駕駛車，而擁有自動駕駛車的車主，將不再讓車子有90%的時間停放閒置，而是提供給Uber之類的公司去運用。不出二十年，在路上跑的車子和停放在停車場的車子數量極可能減少，車禍致死人數將會顯著降低（美國目前一年的車禍死亡人數大約三萬人。）

許多人的成功之鑰，將是過著創業生活——自己創業，透過雲端，向許多雇主銷售隨需服務，不光是企業主如此，幾乎人人如此。不論好壞，仰賴傳統全職工作的人口比例將會逐漸降低，愈來愈高比例的人口，將會靠著擁有自己的事業而改善生活，終生身兼多種微型職業。

全球將會有更多人，透過在任何裝置上或最終在虛擬實境中提供的隨需服務取得教育——不論是中小學教育、大學教育或終生學習。這種情形其實已經發生，可汗學院和Coursera等機構提供的人工智慧指導課程增補大學教育，幫助人們終生學習。過不了多久，去規模化學習將開始顛覆大型中學和大型大學的高度規模化教育制度；現在，努力償還大學學貸的許多人，可能已經開始懷疑在傳統校園念四年大學的價值了。

醫療保健領域正朝向變得更加先發制應，不再是被動反應。新生兒將普遍接受基因組排序，這些資料將可幫助預測疾病。物聯網裝置將能監測你的生命徵象和活動，在很早的階段就發現問題。透過你的手機或其他裝置上的人工智慧軟體「醫生」應用程式，你可以獲得初步診斷，若有必要，人工智慧軟體將會指引你去看專科醫師。醫療保健業將被顛覆，從診斷出健康問題後的治療，轉變成偵測到早期跡象，及早矯治問題，防止進一步惡化；這麼一來，保健成本將遠低於現在的成本，解決美國最棘手的財務負擔之一。

伴隨創業者致力於改造能源產業，未來將有更多住宅和建物，使用便宜、超效能的屋頂太陽能板和地下室或車庫裡的高功率電池自行發電。這些電池就像特斯拉公司製造的那種，將在陽光照耀時發電並儲存起來，以供無陽光時使用。這類建物將連結至一條雙向的電力管線，讓任何人可以在eBay模式的市場上出售過剩能源，或是購買需要的能源。若你擁有一部車，它可能是電動車，你家的太陽能板和電池可以用來充電。

趨勢顯示，你的食物將有更多是產自本地的小型農場，或是座落於老倉庫和購物商場裡的都市農場。整個二十世紀，食品業推動了農業的大規模化，農場變得愈來愈大且企業化，由很少數的農夫操作大型機器來耕耘照料。未來，技術將幫助小型的本地農場，以能夠賺錢的模式經營，試管肉（test-tube meat）生產技術的突破，將大幅降低牧牛和養雞所需要的農場土地面積。

3D列印技術已經開始為製造業帶來去規模化和各種全新想像，不出十年，你訂購的一雙鞋或一張椅子，可能不是從遠方的量產工廠生產出來的。許多公司將在接到訂單之後，小批量客製化生產顧客需求，工廠的作業將類似亞馬遜網路服務的模式，不論公司需要多大量或多小量，工廠都能承包製造作業。

鮮少產業或活動不會受到去規模化的影響，不論你從事什麼工作、在何處生活，人工智慧技術和去規模化，將使你在未來的旅程不同於以往的年代。我將在本書後續章節詳細探討其中許多差異，以及該如何以去規模化心態來思考這些改變，以便妥善利用這些改變所帶來的機會。

新科技時代的疑慮

若我們決定形塑新的未來，就必須做出許多抉擇。去規模化是顛覆性的變革，正在把舊經濟改造成新經濟。在人類的發展史上，每當發生這種革命，總是會有許多種類的工作消失，這次也將不例外。唐納德・川普（Donald Trump）之所以能在2016年當選美國總統，主因之一就是許多人對就業市場和經濟顛覆現象感到不滿；未來，這種焦慮將有增無減。

皮尤研究中心（Pew Research Center）在2016年所做的一項調查發現，在擁有高中及更低學歷的人當中，平均每五人就有一人相信，他們的工作將被人工智慧軟體取代。牛津大學的一篇研究論文聲稱，機器將取代近半數目前由人類執行的工作；[5]媒體上也都是關於人工智慧最終將導致人們沒有工作可做的文章。因此，人工智慧技術的發展和去規模化的趨勢，將迫使我們重新思考工作和維生的方法，也可能迫使國家考慮制定保障所得，或設法確保人民自由、容易取得教育，而非如同美國現今的情況，教育昂貴，而且愈發只有最高的社會階層負擔得起。川普的當選可茲例證，若科技界和政策制定者不思考、應付這些課題，幫助人們安然度過這場顛覆性的革命，人們將被迫起而反抗，阻止或扭轉去規模化。

隨著人工智慧軟體更加涉入、影響我們的日常生活，我們必須要求那些演算法，以相同於我們要求人們當責的方式當責，以防止自動化的歧視或犯罪行為。臉書的動態消息背後的演算法，其優化是為了幫助臉書賺錢，不是確保公平性或禮貌；一般認為，這已經在上次的美國大選中，導致了更大的政治分歧。這是無道德方針的演算法，可能對社會造成負面影響的早期例子之一，我們必須決定是否讓企業對採用的演算法負起更大的社會責任。別忘了！公司優化人工智慧軟體的目的，是為了幫股東賺錢，不是為了做正確的事，也不是為了使決策透明化。這種情形必須改變，這些公司本身必須帶頭設計、採用對社會當責的演算法。

目前有一些旨在延長人類壽命的大型研發計畫，例如谷歌旗下的生物科技公司加利歌（Calico，California Life Company的縮寫），投入15億美元研究老化背後的科學。傑夫．貝佐斯（Jeff Bezos）投資的聯合生物科技（Unity Biotechnology），正在研發消除老化細胞的藥物。我們廣通育成所投資的益力健（Elysium Health），雇用了老化科學專家和生物科學家，聚焦研究如何增進一種在我們二十幾歲時就開始減少的輔酶：菸鹼醯胺腺嘌呤二核苷酸（Nicotinamide adenine dinucleotide, NAD^+），NAD^+有助於延緩衰老。

但是，若我們一邊使用人工智慧把大量的工作自動化，一邊追求研發抗老延壽的藥物，將會發生什麼事呢？我們要要求那些以往有工作的司機，在失業中消磨延長的壽命嗎？我的朋友、新創公司孵化器Y Combinator的董事長山姆・奧特曼（Sam Altman）和臉書共同創辦人克里斯・休斯（Chris Hughes），已經啟動了兩項有關全民基本收入（universal basic income, UBI）的研究計畫，探討以無條件的補貼取代就業所得的可能性，試圖提早因應高度自動化的世界為失業者造成的衝擊。不過，全民基本收入雖然能夠取代人們的財務損失，卻無法解決一個同等重要的問題：生命與生活的目的。將科幻情節化為實現，固然令人感到興奮，一旦勞動市場的大多數工作被自動化，我們人類將必須尋找另一條滿足成就感的途徑，以便度過我們120歲的壽命。

壟斷則是新科技時代的另一項疑慮。在數位產業中，贏家通吃的傾向，遠甚於實體產品產業，這可能導致壟斷型企業掌控經濟體系的重要部分。我們已經看到，臉書支配社群網路領域，谷歌宰制搜尋領域，若不審慎面對，這類壟斷型企業不無可能採行一些規則與實務，使自己受益，但導致整個社會蒙害。

這絕非危言聳聽，在上一波技術全面改革經濟與生活的1900年代初期，伴隨震盪而來的是兩次世界大戰、全球經濟衰退，以及由西方主導的自由世界秩序的崛起。現在發生的變化，急劇程度更甚於當年，我們必須期望我們的領袖能夠謹慎避免戰爭，但過程中將不免出現混亂、騷動，因為一些選民和政府將會奮力反抗變革，而其他選民和政府則會擁抱變革。在上個世紀，進取的國家為爭奪自然資源而戰（尤其是石油），或許接下來的戰爭將是為爭奪資料而戰，而全球性駭客攻擊行動的崛起，是個前兆。

不過，我相信，若我們能夠做出正確的選擇，人工智慧世紀可以帶來巨大的益處。由人工智慧驅動的去規模化，將聚焦於創造出比以往更好、更便宜、更容易取得的產品與服務，而且專門針對每個人量身打造。

若我們能夠做出正確的選擇，應該能夠看到生活品質的改善。截至目前為止，大多數科技都是著眼於提升效率——把一項工作編程成軟體，再把這項工作自動化。伴隨種種產業的去規模化，軟體將邁向下一個層次，把產品和服務變得更有成效，就像Uber不僅把搭乘體驗變得比叫計程車更有效率，也變得更好。想像你生活中最令人氣惱、沮喪的層面，再想像這些層面都變得更好、更便宜、更容易取得，這就是未來可能發生的情景。

我們如何教育、訓練學生因應這樣的世界，攸關到他們未來的就業。他們必須找到人類能做好、但機器無法做好的事，這些事無疑涉及到人類特有的能力，例如創造力和巧妙運用心思的能力等，並學習發揮人類潛能，與人工智慧型機器攜手合作。

重點是：我們必須做出關於應該在什麼領域創新、勞動力將如何發展演進、該如何確保演算法符合我們的價值觀等層面的選擇。無論如何，有創業抱負的個人和組織，現在處於前所未見的最佳時代，擁有更多的機會、更低的障礙。我們身處於驚奇探索之旅的浪頭，有機會再次改造這個世界，解決我們面臨的一些最大問題，例如氣候變遷、癌症等。如同上一次的技術革命，等到我們完成這一波的技術革命時，地球將變成我們幾乎認不出的模樣。

2

人工智慧世紀

人工智慧是二十一世紀的電力。

剛邁入二十世紀時，主要由電力和石油驅動的全新技術滲透人們的生活，以無人能料想得到的方式改變了社會。那一陣的技術狂風，帶動了長達百年的規模化。

1880年代，以愛迪生的設計為本而興建的小型發電站遍及城市，但每一座發電站只能為幾個街區的建物供電。1890年代末期，紐約的專利律師查爾斯·柯蒂斯（Charles G. Curtis）發明了蒸汽渦輪發電機，這是促成以較低成本大規模發電的第一項技術，1900年代初期開始，刮起了城市興建供電網路之風。

電力的普及，使得工廠可以設立在任何地方，改變了製造中心的形成方式。電燈使工廠能夠在夜間運作，電力也使得現代組裝線得以誕生。電力使義大利工程師古列爾莫・馬可尼（Guglielmo Marconi），得以完成第一則雙向無線電訊息傳輸——問候英國國王愛德華七世的54字訊息。電力為電話通話提供了動力，亞歷山大・格拉漢姆・貝爾（Alexander Graham Bell）在1876年發明電話機，到了1900年代，電話機在城市普及。電訊使公司得以更加擴大規模，因為它們可以透過電訊，更遠距地協調更多人。

還有其他重要的技術問世，例如，德國人在1900年至1902年間發明齊伯林飛船，喬治・伊士曼（George Eastman）研發出第一台消費性相機，銷售員金・吉列（King Gillette）發明第一款安全刮鬍刀，電爐開始普及住家廚房。種種技術的問世，使人們可以做以往無法做到的事——飛行、照相、電力照明，但他們還想要更多。

亨利・福特（Henry Ford）就是在這種時空環境下崛起的。1800年代末期，他曾任職於愛迪生照明公司（Edison Illuminating Company），受到愛迪生的啟發，利用晚上時間，設計與實驗機動四輪車。他在三年間，創立了兩家汽車公司，但兩家都失敗了。1903年，他在四十歲生日的一個多月前，創立了福特汽車公司，開始製造Model A車款。

普遍思維的影響性，是令人難以想像的。1903年，馬匹是非常普遍的運輸工具，紐約市街道上每天都有250

萬磅的馬糞。福特汽車在1908年推出了Model T車款，儘管那年只賣了239輛，卻已經在產業造成轟動。1909年，Model T銷售量增加到12,176輛；1910年，一位漫畫家畫的一幅未來想像圖中，小學生開著迷你車去上學；1913年，福特的銷售量暴增至179,199輛，從此銷售量一飛沖天。這一切跟規模化有關，Model T車款很著名的一點是只有一種顏色——黑色，這是第一款針對同質大眾市場打造的量產車。

在俄亥俄州代頓市（Dayton），萊特兄弟以引擎技術的進步為基礎，鑽研有關於翼飛的新概念。在他們經營的自行車店裡，他們和機械師查理．泰勒（Charlie Taylor）一起建造了一部引擎，把它和翼展約四十英尺寬的飛行器結合起來，在1903年試飛成功。到了1930年代，泛美航空（Pan Am）開始提供民間環球航空服務。

人們的日常生活徹底改變，電力驅動的大型工廠生產大眾市場產品，填滿了梅西百貨（Macy's）和西爾斯百貨（Sears）等大型百貨公司的貨架，無線電開啟了大眾市場廣告的概念。為了生產大量的實體產品，以及運送、銷售，公司必須壯大，一旦壯大，它們的規模就變成新進者的進入障礙。

1900年代早期的技術，創造了大眾市場型的消費者文化，也開啟了一世紀的建立規模經濟。企業成為全球商業的核心，目標是盡可能變得愈大。《財星》五百大排行榜於1955年首次出爐，大聲讚揚規模的美妙，榜首是通用汽車公司，有576,667名員工；2016年掄元的是沃爾瑪（Walmart），員工人數230萬。政府也在擴大規模，1900年，美國聯邦政府的員工人數大約100萬；到了2015年，員工人數已經超過400萬。[1]

在好萊塢，電影必須是大製作巨片，否則就不賣座。大品牌如百威啤酒（Budweiser）、可口可樂、麥當勞等，對每一個人銷售相同的東西，消滅利基型競爭者。沃爾瑪靠著在愈來愈多的地點，興建愈來愈大的商店，來摧毀地方性零售商。西方國家擴大大眾教育學校的規模，仿效組裝線的模式來培育下一代——小孩先讀幼兒園，接著一次一級，歷經整個教育體制，所有人學習大致相同的東西，直到在另一端以「成品」輸出，進入就業市場。

規模幫助社會達成許多好事——教育大眾、改善生活品質、消除天花等疾病，使無數人脫離貧窮。在電力的推動下，二十世紀的技術，使一切不僅變得可能，也變成必然。

資料讓人工智慧變聰明

2007年，人工智慧已經存在了幾十年，在不同年代——1980年代、2000年代初期——人工智慧原本即將有所突破、改變世界，但最終未能實現，因為沒有足夠的資料，可供人工智慧軟體學習，因此無法通過一些專業用途，例如客機上的自動駕駛儀。但是，在2007年左右，伴隨我們開始把更多的生活內容，轉移到能夠蒐集巨量資料的行動、社群和雲端平台上，人工智慧終於能夠產生和1900年代初期的電力媲美的影響。就如同我們把世界電氣化，啟動了上一個規模化的世紀，現在我們把人工智慧注入世界，這將會啟動去規模化的發展。

克里斯・迪克森（Chris Dixon）創立的Hunch公司，是我參與投資人工智慧型公司的開始。1990年代初期，迪克森在就讀哥倫比亞大學時主修哲學，後來取得哈佛商學院企管碩士，進入側重高頻交易的避險基金公司Arbitrade擔任軟體開發師。2005年，迪克森與他人共同創立了一家名為SiteAdvisor的網路安全公司，幫助網際網路用戶避開垃圾郵件。SiteAdvisor是我成為創投家後，投資的第一家公司，我們在2006年把它賣給資安軟體公司邁克菲（McAfee）。

2007年，迪克森和另外兩人共同創立了Hunch，我也投資了。我們沒稱它為人工智慧、機器學習或認知運算（cognitive computing），但Hunch是一款網路應用程式，能夠透過學習而增強，在今天，我們當然可以稱為人工智慧。Hunch的目標，是建立一幅網際網路的「喜好圖」

（taste graph），把人們連結至他們喜歡的東西，不管這個東西是一項產品、一位歌手或一個網站。若我們建立出一幅夠大的喜好圖，Hunch可以從每個人的喜好中學習，然後向用戶做出正確的推薦。它能夠辨識若你喜歡碧昂絲（Beyoncé）、辣醬熱狗堡和西南航空（Southwest Airlines）的話，可能也會喜歡Urban Outfitters的衣服，因為喜好跟你相似的其他人，也喜歡Urban Outfitters。

這項技術運作得很好，但我們遭遇到一項挑戰：人工智慧需要從巨量資料中學習，餵給愈多資料，人工智慧就會變得愈好。身為一家獨立公司，Hunch無法從夠多的用戶取得足夠的資料，讓人工智慧變得夠有成效，說服更多用戶加入Hunch，形成一個良性循環，然後人工智慧變得愈來愈好。

2011年，出現了一條卓越的發展途徑，我們以8,000萬美元，把Hunch賣給eBay。當時，eBay有9,700萬個用戶、兩億件出售中的物品、每天頁面瀏覽次數高達20億，這些活動產生了大約9PB（petabytes，拍位元組）的資料量。迪克森在宣布這項收購交易時說：「有eBay的資料做為我們的後盾，Hunch可望變得遠遠更好。」我們終於有足夠龐大的資料，可以把人工智慧訓練得很強大。

eBay的技術長馬克・卡吉斯（Mark Carges）在完成交易後，對記者說：「Hunch發現，購買金幣的特定用戶群，也是顯微鏡的理想顧客，因為他們可能需要用顯微鏡來檢視那些物品。這是我們自己永遠無法發現的奇特關連性。」[2]重要的是，這種喜好圖正是臉書設置按「讚」功能背後的原理，而且很有成效，因為它每天從不斷按「讚」的十億多用戶那裡蒐集到巨量資料。

Hunch的經歷，可說是人工智慧時代的寫照。雖然人工智慧的概念，已經存在六十年了，但是一直沒有足夠的資料量，可以使人工智慧變得很好。現在，我們有夠多的資料了，這都得感謝自2007年左右起十年間所創造的種種技術。

想想看，才不過十年，我們的生活已經有了多大的改變？2016年，全球人口有超過半數擁有智慧型手機，行動網路成為一個不可忽視的新平台。你可以在手機上下載各種app，透過幾乎無所不在的高速無線網路，與儲存在某資料中心的強大軟體連結。你可以透過各種app，使用社交、聊天、email、購物、媒體、透過Uber叫車、在Airbnb訂民宿等服務。不論你想去哪裡，準確的GPS地圖可以為你導航，手機可以存放音樂和書籍，你可以透過直播觀看運動比賽，至於像Salesforce.com之類的公司提供的企業app，則是可以讓你在世界的任何地方，透過手機工作。行動內容、社群和商務，在很短的時間內已經變成一種生活方式，我們現在已經無法想像沒有手機，要如何度過漫長的一天。想想看，這是多麼奇怪？才不過十年前，這些都是不存在、因此不可能的事。

所以，我們花了十年的時間，使人們相互連結，把大量的日常活動轉移到線上，使線上的每一項活動與行為都生成資料。然後，近年間，產業界透過推行物聯網，提高全球各種資料生成機器的價值；這麼一來，不只人類連上全球網路，萬事萬物都連網了。這些連上全球網路的東西，可能是攝影機、熱感測器、Fitbit健康監測器，或是裝在瀕臨絕種動物身上的GPS追蹤器。根據國際數據資訊（IDC）的調查，2015年已經有90億件連結網路的裝置；預估到了2020年，將增加到300億件；到了2025年，將增加到800億件。[3]

科技業龍頭如思科系統（Cisco Systems）、IBM、奇異公司（General Electric），正在對物聯網感測器和資料蒐集進行龐大投資。我和安霍創投公司（Andreessen Horowitz）的馬克・安德森（Marc Andreessen），都投資了新創公司Samsara，該公司建立了一個新一代的物聯網平台，專門蒐集、管理來自感測器的資料。隨著幾乎所有東西都植入感測器後，這項技術將會創造出一個量化的地球。2000年代，誠如矽谷人愛說的，在2000年代，軟體正在吞噬這個世界，入侵商業與日常生活的每一個角落。但是，在2010年代之後，變成這個世界正在吞食軟體，萬事萬物都能和軟體連結，變成智慧型，和全球網際網路相通。

以電燈插座為例，就可一窺物聯網對資料蒐集的影響。根據一項估計，全球有40億座街燈。另外，光是美國，就有40億個住家電燈插座，平均每間房子裡有52個。[4]再加上企業、學校和航廈等公共場所，我們有數百億個電燈插座，遍及每個有人居住的地區。每個插座都是一個電源，能夠啟動嵌入燈泡中的感測器和無線連網器。以往，燈泡愚笨且孤獨；現在，燈泡變得聰明、具連結性，可以蒐集日常生活的大量資料，幫助人工智慧變得更聰明。

物聯網裝置遍布世界各地——珠寶、衣服、汙水管、水道，甚至野生動物和家中寵物的身上都可見。在工業環境中，遍布工廠或安裝在卡車或噴射引擎上的感測器，全都可以透過類似奇異公司的Predix平台，匯回蒐集到的資料。物聯網也遍布在各棟建物中，日本通力公司（KONE）在自家製造的電梯、電扶梯、旋轉門和自動門上加裝了物聯網裝置，每天使用這些設備的人高達10億，可以蒐集到巨量資料。金百利克拉克（Kimberly-Clark）也在研發舒潔智能洗手間（Scott Intelligent Restroom），這套系統透過app即時監測清潔用品和衛生環境等的狀態，可以即時知道狀況，你將不會在洗完手之後，發現擦手紙沒了。

物聯網呈爆炸性成長，將為我們提供驚人的資料流量，為人工智慧的深度學習及應用成效，開啟廣大的可能性。物聯網讓我們可以即時觀測，彷彿我們把地球連上心電圖儀器，詳細觀察世界各個角落的心跳脈動。

人工智慧辨識資料中的型態，預測行為，並且據以決定行動。如果餵入的資料量不夠，人工智慧就像嬰兒的大腦一樣——有頭腦，但過度缺乏關於這個世界的資訊，所以無法掌握狀況。跟人類大腦一樣，人工智慧接收到的資料量愈多，辨識出的型態和預測到的行為就愈準確。餵入愈多資料，人工智慧就會變得愈好。

其實，我們很常和人工智慧接觸。谷歌的人工智慧搜尋演算法，從每一筆搜尋當中學習，變得更好。臉書的人工智慧，從你的貼文和按「讚」中學習，再不停地餵給你可能想看的動態消息和廣告。網飛（Netflix）的人工智慧，從你的觀看習慣中學習，然後與其他用戶的觀看習慣做比較，再為你做出推薦，然後反饋用戶的喜好給公司，指引公司製作什麼樣的電影或電視影集，比較能夠獲得用戶青睞。避險基金仰賴人工智慧，看出人類永遠無法發現的交易型態。資安軟體仰賴人工智慧，學習系統中的正常活動，以便能夠及早察覺、阻擋入侵者。

2016年，IBM收購了天氣公司（The Weather Company），

該公司從遍布全球的感測器蒐集巨量資料。IBM現在可以把這些資料，餵給它的人工智慧系統「華生」（Watson）。華生現在也是氣象專家，學習各地的天氣型態，做出非常地方性的微型預測，例如預測在戶外舉辦的奧運跳水項目所在地的風速與風向型態。

在我撰寫此文的2017年，谷歌、特斯拉、通用汽車和其他公司，爭相研發自動駕駛汽車。人工智慧使這項技術得以實現，愈來愈多的車輛以自動駕駛模式行駛，人工智慧系統就能夠蒐集到愈多資料，使自動駕駛車輛的性能變得更好。亞馬遜Alexa和蘋果Siri之類的智慧型個人助理，正在滲透我們的日常生活。這些人工智慧程式現在擁有非常多來自聆聽人們說話所產生的資料，辨識語音文字的能力優於人類，雖然目前在理解複雜問句或命令方面的能力仍然有限，但是愈多人使用，它們的能力就會不斷提升，這就是人工智慧的本質。

我投資或參與的機構，幾乎全都使用人工智慧。可汗學院使用人工智慧來學習、了解我們的學習模式，以便根據學生的學習步調量身打造課程。前文提及的利萬客，也把人工智慧建入軟體中，以學習糖尿病患者的健康狀態和行為模式，幫助每位患者有效管理自己的健康狀況。現在，我無法想像自己投資毫不使用人工智慧的事業。

我們現在從事的許多活動能夠生成資料，是因為我們在線上從事這些活動，我們使用智慧型手機上網，或是啟動物聯網的裝置。資料，是這場新革命的原燃料，就像1900年代的工業革命需要化石燃料和電力。正如同電力轉換成實用動力，流向各個地方推動發展，人工智慧也讓生冷的資料活了起來，變得實用、易於取得。現在，只要是有電腦運算能力的東西，紛紛內建、採用人工智慧，也許再過十年，沒有內建、採用人工智慧的東西，將會變得毫無生氣且過時，就像電冰箱問世之後的保冷箱。

2010年代中期，投資紛紛湧向人工智慧。根據美國研調公司CB洞察（CB Insights），人工智慧相關新創公司在2016年獲得的資金，增加到超過10億美元，遠高於2015年的6.81億美元，以及2011年的1.45億美元。至於更早年的投資，那更是涓滴比川流了。[5]回想起來，我投資Hunch當年，很難找到一家自稱為人工智慧新創事業的公司。

社會也需要人工智慧。全球的系統已經發展成太過複雜，資料量已經太過龐大，唯有使用人工智慧才能妥善處理。若你把現今使用的所有人工智慧程式都關閉，已開發世界將因此停擺，網路將會失靈、飛機無法飛行、谷歌將會死當，你的收件匣會被垃圾郵件塞滿，郵局也無法分揀郵件……。未來，人工智慧將會更成為維持全球系統持續運作不可或缺的要件。

最好的人工智慧軟體，將會發展成我們信賴的協作者。會議室裡的人工智慧軟體，將能夠聆聽商業會議上的談話，並且持續在網際網路上搜尋切要的資訊，即時提供給與會者參考。史丹佛大學神經動力與電腦運算實驗室（Neural Dynamics and Computation Lab）的人工智慧與腦科學研究人員蘇里亞·甘古利（Surya Ganguli）教授表示：「人工智慧能把人們可能未能察覺到的外界知識引進來，而且那是非常廣大的領域。人工智慧能夠知道一個小時前，會議室裡進行的談話，並且知道與會者討論的問題的相關脈絡，也知道試圖解決問題的人的目的，同時能夠提出適切的建議。」[6]

甘古利教授告訴我，到了2020年代初期，人工智慧在診斷健康問題方面的能力，將會優於醫療專業人員，在研究判例法方面的能力，將會優於法務助理。美國律師協會（American Bar Association）表示：「人工智慧不只是法律科技，而是改革法律專業的下一個重大希望。」[7]IBM的華生已經變成醫生助理，吸收巨量的醫學研究文獻，幫助診斷病患。

全球各地有無數科學家致力於人腦造影研究，[8]這些知識幫助電腦科學的發展，科技界逐漸打造出運作得更像人腦的電腦。這些機器將永遠不再需要編程，就像嬰兒一般，從空白開始觀察、學習，但它們擁有電腦的優勢——速度和儲存容量。這樣的一部系統，不是一次閱讀一本書，而是能夠把每本已知的書籍複製貼上，存入記憶體中。

紐曼塔（Numenta）公司也致力於讓機器更像人腦般運作，該公司執行長傑夫·霍金斯（Jeff Hawkins）為PalmPilot的發明者，解釋：「在科學上，我們已經獲得優異的進展，清楚看見創造智能機器的方法，包括在許多方面比人類更快速、能力更優秀的智能機器。」[9]他舉了一個例子，說明我們最終可以創造出像傑出數學家的機器：「數學家試圖證明定理、建立數學架構，在他們的腦袋中看出高維空間的雅緻。現在可以打造出一部具有這種能力的智能機器，它實際上存於數學領域，原生行為就是數學行為，運作速度比人類快上一百萬倍，而且永遠都不會感到疲倦。這部智能機器，從一開始就可以被設計成一位傑出的數學家。」

人工智慧已經開始被內建於平台上，IBM讓大大小小的公司可以在華生平台上發展產品，亞馬遜網路服務也致力於發展內建的人工智慧能力，谷歌和微軟的雲端運算服務也是一樣。這些發展將讓任何新創事業都可以刷卡租用人工智慧能力，把人工智慧內建於它們開發的應用程式或服務中。人工智慧的精進，將驅動更大型的去規模化，人工智慧讓公司可以把一切客製化，而且仍然可以維持獲利，因為它能夠讓流程自動化。長久以來，量身訂製的產品和服務一直都存在，但是由人類來做，非常費時費工，因此客製化的產品或個人化的服務（例如私人司機等），價格必須相當高，才足以獲利，但大眾市場的消費者，可能負擔不起這麼高的價格。機器化的工廠能夠賺錢，是因為它們能夠快速、便宜地量產一模一樣的產品。

但是，人工智慧不一樣，能夠自動學習每位顧客或用戶的喜好或個人特質，然後軟體能夠自動化地量身打造產品或服務。利萬客的人工智慧型服務，能以非常個人化的服務，共同照護你的糖尿病。有人工智慧輔助的Uber，能在你需要的時候，為你叫來一部車子，就像你的私人司機一樣，但成本遠遠更低。而且，可以想像得到，Uber的車子最終將會是自動駕駛，由人工智慧導航的機器人。

人工智慧創造出與大眾市場相反的條件，可以流入每一項技術、產品與服務中，就算服務非常微型的市場，依舊可以獲利。因此，人工智慧創造了相反於規模化的條件，為個人量身打造的產品，將贏過為大眾打造的產品。規模化低成本地量產大眾市場產品，而人工智慧平台再加上行動運算、社群網絡、雲端運算和其他二十一世紀的平台，讓小型創業公司能夠敏捷研發、銷售、遞送一人市場的產品。當去規模化、專注服務顧客的公司，能夠利用平台為特定顧客群打造產品與服務，大規模自然就不再為公司提供優勢。

VR & AR

人工智慧驅動了種種即將改變工作與生活的全新技術和公司。2010年代中期，虛擬實境和擴增實境從技客的夢想變成一種可行技術，我首次對這類產品感到驚豔時，是Oculus Rift製造商Oculus VR嘗試在群眾募資平台Kickstarter上募資打造第一項產品時。我取得一個原型樣品，頓悟到我們即將創造出一個與實體世界平行的虛擬線上世界。

伴隨人們投入更多時間在虛擬世界，虛擬世界中的服務、藝術、遊戲和娛樂的需求都將會增加。在虛擬世界，去規模化經濟將會更加顯著，因為在虛擬世界中，所有東西都是數位的，每項行動將會生成資料，可以用來改善任何人工智慧型產品或服務。在思考如何投資虛擬實境和擴增實境的技術時，我發現公司和個人，都想獲得工具幫助加速創造——從虛擬建物、家具，到虛擬世界裡的種種服務，無論純粹是為了興趣或營利。因此，我決定投資角度科技（Angle Technologies）。

2000年代中期，在就讀哈佛大學時，大衛・寇斯林（David Kosslyn）和伊安・湯普森（Ian Thompson）就經常混在一起，通常是一起撰寫程式，有時則是一起玩《當個創世神》(*Minecraft*)。湯普森尤其關注虛擬實境技術的發展,他回憶曾經有個建築師朋友,讓他戴上虛擬實境眼鏡,讓他虛擬一遊舊金山灣區捷運系統的一個新捷運站虛擬模型版。他說:「他就這樣把我丟進去,我感到一陣暈眩、噁心(這個問題在早年的虛擬實境技術中很常發生),但也覺得十分驚奇!結果,我就這樣上癮了。」[10] 他和寇斯林分享他對虛擬實境的熱情,兩人開始討論可以一起打造什麼東西出來。

後來,寇斯林進入谷歌和YouTube工作,湯普森任職過幾家新創公司,兩人還是持續關注虛擬實境,觀察產業和相關技術的發展。2014年年中,臉書以20億美元買下Oculus VR,「這項收購讓一切進入高速發展,」寇斯林說。臉書的這項收購舉動,促使谷歌大舉投資虛擬實境技術的研究,創投界也開始留意投資虛擬實境事業的機會。寇斯林和湯普森認知到,虛擬實境將成為另一個商業平台,也是新創公司得以發展的一條良好途徑,可以植基於一股強大的全球能力,觸及數千萬或數十億用戶,挑戰實體世界的公司。

我喜歡他們的構想,因此出資幫助他們創立角度科技。這間公司打造工具,幫助任何人在虛擬世界更快速、簡易地開發app或創業。寇斯林說:「只要一個人有好點子,應該就能夠做到。」

目前，虛擬實境技術已經發展得夠好，能夠使你感覺像是身處於另一個世界，例如在一座遠方城市或一艘太空船上。2017年，戴上Oculus Rift進行一趟虛擬實境之旅，還是感覺像電玩，但已經有大量資金和人才，湧入這個領域。根據一項估計，新創公司和大公司如臉書、微軟、宏達電和谷歌，在2015年投資超過20億美元研發虛擬實境技術，相關發展的進步也相當快速。「我原本以為要花十年的，現在已經縮短為一、兩年就可以做到了，」鍾尤金（Eugene Chung）如此表示，他在離開Oculus VR後，自行創辦了另一家虛擬實境新創公司——彭羅斯工作室（Penrose Studios）。[11]

另一家虛擬實境公司高傳真（High Fidelity, Inc.）的創辦人菲利浦．羅斯戴爾（Philip Rosedale），正致力於打造一個虛擬實境網際網路，可以連結各個虛擬實境世界，使我們能像現在在網路上做的那樣，從一個虛擬實境世界移動到另一個虛擬實境世界。[12]這麼一來，虛擬實境將會變得不那麼像個別的電玩遊戲，更像是匯集了內容、社群、商務和工作的一個巨大宇宙。到了2020年代中期，人們將能夠選擇在實體世界度過多少時間，在平行的虛擬世界度過多少時間。

擴增實境則是結合了虛擬世界和真實世界，透過裝置如數位眼鏡或智慧型手機的螢幕，讓數位資訊或影像融入實體世界裡。擴增實境技術的影響性，可能大於虛擬實境技術的影響性，但有待解決的問題也更大。早期階段的擴增實境技術例子包括：你可以把手機舉向家裡牆壁，透過螢幕看不同畫作掛在牆上的樣子；或者，你可以把手機舉向特定城市的某個街角，在螢幕上看看一百年前的這裡是什麼模樣。2016年，《精靈寶可夢GO》（*Pokémon Go*）讓數千萬名玩家體驗到擴增實境的有趣，把各種虛幻的寶可夢透過手機與真實世界的場景結合在一起，讓人們盡情抓寶。

Magic Leap、谷歌、Snap，以及其他多家公司，正在研發透過特製眼鏡，讓用戶看到結合真實世界和擴增實境投影的更先進擴增實境技術。在早期的展示中，你可以看到電影《星際大戰》系列機器人R2-D2現身你家廚房的情景。未來，這項技術將可以讓你坐在會議桌邊，戴上擴增實境眼鏡，看到世界各地的同事坐在會議室裡的實際尺寸人像，彷彿他們親身出現在會議室裡。

我可以想到虛擬實境和擴增實境，對去規模化做出一些明顯貢獻。舉例來說，運動可以因此去規模化，大聯盟球隊的經營相當昂貴，必須興建能夠容納五萬名球迷的巨大球場；未來，利基型聯盟可以低成本地聚集一群觀眾，讓他們體驗直播賽事無法提供的虛擬實境賽事體驗，也許是整場比賽身歷其境。在教育方面的應用，你可能不必到規模化的大學，和其他學生一起坐在課堂上聽教授講課，而是可以透過擴增實境或虛擬實境，獲得相同的社群和共同研究感。

自主機器人

機器人愈來愈成為人工智慧的實體展示，它們自主學習、運作的情況愈好，就愈能夠幫助驅動去規模化。

機器人問世已經有數十年了，工廠組裝線上有機器人，倉庫有撿貨機器人；此外，還有鑽地下隧道的機器人，以及掃地機器人Roomba。這些機器人由內建一套固定指令的軟體驅動，其實不能自主學習新東西，Roomba或許能夠辨識型態，確保清掃到地毯的每一個角落，但僅此而已。這類機器人無法驅動去規模化，主要的功能是使大規模變得更有效率（例如工廠內的運作），加速促進規模經濟的發展。

但是，人工智慧型機器人就不同了。例如，自動駕駛汽車可能對高度規模化的全球汽車複雜生態帶來什麼影響，令人難以想像。傳統的汽車讓我們把很多事物加以擴增：很多成人需要一部車，儘管車子可能有90%的時間遭到閒置；更多人口意味著更多汽車，更多汽車意味著擴大汽車製造廠的規模，然後建物擴大，鋪設更多公路，興建更大的停車場。美國自1956年起興建州際公路系統，到了2016年，聯邦公路已達47,856英里。[13]

在本書撰寫之際，自動駕駛汽車正在快速發展，特斯拉已經能夠自動駕駛，而大多數的大型汽車製造公司也在研發相關技術。自動駕駛汽車將連結無線網路，伴隨更多人購買連結網路的自動駕駛汽車，他們將認知到，讓車子閒置大部分的時間是很愚蠢的事，為何不讓這些自動駕駛汽車去為Uber、來福車（Lyft）或類似的服務業者工作呢？當愈來愈多這類自動駕駛汽車加入服務網絡之後，就會形成一個平台，任何一個在車庫裡搞創業的人，都能夠藉由租用平台提供的能力，立即創辦一個「運輸即服務」（transportation as a service）事業，不需要購買大批汽車或卡車組成車隊，也不需要花大錢雇用司機，只要在平台上動員、調配這些加入服務的自動駕駛汽車即可。

若自動駕駛汽車變得足夠普遍，一部汽車將能服務許多人，都市居民將能選擇倚賴隨需運輸服務，因為會比自己擁有一部汽車更便宜、更便利。利基型公司可以靠著提供這類服務來營利——你趕著上班，需要車子送小孩上學？或者，你需要車子把整支足球隊送去練習？不論你需要什麼服務，都可以叫到。汽車製造公司將在更小的工廠，製造數量遠遠更少的車子。我們不再需要一直擴建公路，停車場也可以改建成公園。

無人機基本上就是會飛的機器人，下一代無人機將導入人工智慧，能夠自主學習。若無人機將遞送亞馬遜的包裹、達美樂的披薩，或是為加拿大郵局遞送鄉村地區郵件（這些組織全都在推行這類計畫），那麼無人機必須能夠安穩地飛行於空中，避開人類，正確辨識狗兒或電線之類的物品，做出適切反應。救難人員可以派一群人工智慧型無人機進入水災區，自動搜尋需要援助的受困者。人工智慧型無人機可以在建築工地內穿梭，把零件和工具遞送給發訊索取的工人。

我投資的航空圖（AirMap）公司，建立了一個人工智慧型平台，描繪出地球的所有空域圖，標示出每個空域的規範。幾座大型城市如丹佛市和洛杉磯的機場，已經在系統中使用航空圖的技術。蘋果智慧型手錶（Apple Watch）的一款應用程式也使用了這項技術，發出有關無人機空域的警訊。無人機可以持續和航空圖的資料庫交換資訊，得知是否允許飛越某棟房子或某所大學的上空，而這是讓無人機像汽車般自動、安全駕駛的一個重要環節。

自動駕駛汽車和無人機將演進成物流平台，把以往企業必須自行建立的能力，變成創業者和小型利基新創公司容易取得的服務。任何新創公司將可以登錄、使用這類平台，組織自動駕駛汽車或無人機，為全球各地提供運送人類乘客或產品的服務。就某種程度來說，現在的聯邦快遞或郵局服務，已經稱得上是這種平台，但內建人工智慧的自動駕駛汽車和無人機，將能夠學習如何以最快速、最有效率的方式，把人或物品送到目的地，改善服務小市場的能力和獲利。

其他種類的人工智慧型機器人，將把各種工作自動化、去規模化。舉例來說，你將能夠雇用清洗窗戶的無人機，在住家外頭飛來飛去，清洗你家所有窗戶對外的那一面。工業用機器人現在已經在倉庫執行撿貨作業，未來將可為消費者做類似的服務，搖身成為機器人侍者或私人採購員，或是居家好幫手，幫你在閣樓裡尋找某件物品。我預期，機器人平台將會跨產業發展，提供可租用的自主機器人，讓創業者能夠租用、部署，服務利基市場，繼續去規模化的過程。

3D列印和區塊鏈

3D列印技術正在把實體的東西轉化成資料，一如數位技術在過去二十年間，把報紙內容、通話轉化成資料。3D列印是一個廣義術語，指的是能夠根據數位藍圖，使用某種材料，例如塑料粉末、不銹鋼等，打造出立體實物。你家的列印機可以把一份數位文件吐成一份實體文件，3D列印機可以把一件產品的數位設計轉化成一項實體產品。一旦一項實體物品可被轉化成資料，這項資料就可被輕易地透過網路傳送到任何地方，讓更多人能夠便宜、容易地運用。多部3D列印機可以連結起來，形成隨需型的自動化雲端工廠，有效率地小批量生產客製化產品。

這樣的概念，促使我在2017年投資3D列印公司物讀製造（Voodoo Manufacturing）。該公司是由麥克斯・弗萊費德（Max Friefeld）、奧立佛・歐特利伯（Oliver Ortlieb）、強納生・舒瓦茲（Jonathan Schwartz）和派屈克・迪姆（Patrick Deem）等人於2015年共同創立的。他們想像未來的雲端型製造業，看起來就像現在的雲端運算一樣，而物讀製造想成為雲端製造業中的亞馬遜網路服務。首先，物讀製造在紐約布魯克林區的布希維克社區（Bushwick），成立了一座有160台3D列印機的工廠，全部以智能軟體連結和監督管理。由於3D列印技術現今的發展，這些機器只能製造簡單的塑膠產品，但物讀製造找到了一個市場——為玩具製造零組件，為行銷活動製造小贈品。

弗萊費德說：「我們建立了一套系統，任何人都能夠很快速地運作小批量生產。」[14]不同於量產，隨需型的3D列印中心，製造一個品項的成本，幾乎與量產製造十萬分之一或百萬分之一個品項的成本相同，但是它可以等到有需求再接單生產，不必預測需求，先製造、出貨幾千或幾萬件產品，但最後可能賣不出去。弗萊費德說，這將徹底顛覆規模經濟：「可以說，我們試圖反轉製造業兩百年來的演進。」他相信，大多數製造實體產品的公司，最終將會視需求租用製造設備，就像現在視需求租用雲端運算能力一樣。

目前和未來幾年內，3D列印將無法製造出複雜的產品，但未來這種情況將會改變。例如，3D列印技術將能夠製造出一雙好球鞋，這點無庸置疑，但試想這對運動鞋產業，可能造成什麼影響？耐吉（Nike）目前出品的鞋子，絕大多數都是在中國、印尼和其他亞洲國家製造的，這是有原因的，因為勞力占了製鞋成本的一大部分，而亞洲許多國家的勞力，遠比西方國家的便宜。為了達到規模經濟，耐吉必須營運大型工廠，根據預估需求來量產鞋子，再運送給全球各地的零售商，然後零售商銷售鞋子給顧客，賣不掉的就進行處理。在這種模式中，巨大的浪費和運輸成本有其存在的價值。

試想，若物讀製造之類的公司，能夠低成本地用20分鐘「列印」出一雙鞋子，前述的模式將會發生什麼改變？商店將會變成沒有存貨的展示間，工廠在未接到訂單之前，不會製造任何鞋子；去規模化的鞋業公司，可以專注於設計和行銷，租用3D列印製造設備來生產最終成品。由於3D列印設計可以輕易改變，就像現在改變一張PowerPoint投影片上的字型那樣，因此在實際列印製造之前，顧客可以自行設計鞋子的樣式。

這就是「分散式製造」（distributed manufacturing）的

前景，2015年的世界經濟論壇指稱，它是最值得密切觀察的重要科技趨勢之一，預期它將會對就業、地緣政治和氣候造成巨大影響。[15]舉例來說，去除了勞力成本，就終結了把製造業外包給其他國家的最重要理由，因此將有更多產品在銷售本國內製造，而貨運到世界各地所需耗用的能源，就會顯著降低。

不過，這麼一來，製造業就業市場就會受到嚴重衝擊，因為那些隨需型製造中心將能在極少人力下製造產品，機器由人工智慧驅動的軟體運作。事實上，在這種製造業前景下，伴隨物讀製造這樣的生產概念盛行起來，現今的製造業大國（尤其是中國），可能面臨工作流失的危機。

區塊鏈技術，也是助長去規模化趨勢的一股力量。區塊鏈是一種複雜、精密的分散式帳本（distributed ledger），記錄分布在世界各地幾萬台或幾百萬台電腦上的東西，全部持續不斷地彼此更新，以確保記錄在區塊鏈上的任何東西，只有一個原真的數位版本，這也是區塊鏈技術始於貨幣如比特幣（Bitcoin）的原因。當你製作了一支貓咪的影片之後，你可能會希望盡可能更多人複製、傳閱這支影片；但是，當你創造了一筆錢，你會希望確保當某甲把它支付給某乙時，某甲無法保存複本。

隨著區塊鏈發展，我們將不會只有一個網際網路，可以把資料和內容放到線上，而是有一個自動信任與驗證的制度（目前，我們仰賴會計師、律師、銀行和政府做這件事），你將能夠放心知道，區塊鏈上的任何東西（一筆錢、一份契據、一個人的身分資訊等）都是真實的。更棒的是，因為區塊鏈上的所有東西都是數位的，因此可以被編程；貨幣可以被編程，以記錄每個使用過它的人。軟體化管理的契約，可以知道一件工作是否已經完成，並且可以直接支付款項，不必透過任何中介。區塊鏈上的一首歌曲，可以先要求你付費，然後才播放，中間不必再透過iTunes或聲破天（Spotify），可以直接付費給藝人。

因此，區塊鏈是另一種形式的自動化商務，由軟體執行以往充滿人的辦公室和傳統機構所做的事。創業者可以利用這項技術，無須自行建立這些能力，這是租用規模的另一條美好途徑。

舉例來說，區塊鏈服務平台永存帳本（Everledger）公司，把鑽石交易記錄、儲存在區塊鏈上。該公司的軟體，首先藉由測量一顆切割後的鑽石上的四十個點，為這顆鑽石建立數位足跡。由於沒有兩顆鑽石會是一模一樣的，因此建立了這顆鑽石獨一無二的數位足跡。從此，區塊鏈便擁有這顆鑽石的足跡紀錄，這項紀錄永遠無法被篡改。若你追查一顆鑽石，無法追查到它的合法起源，便可以假定這可能是一顆偷來的鑽石，或是被用以資助戰爭的鑽石。

另一家區塊鏈技術新創公司阿布拉（Abra），改變了匯錢給世界各地個人的方式。一邊是有人註冊成為阿布拉的虛擬銀行櫃員，類似駕駛人註冊成為Uber司機的模式；另一邊則是用戶，例如在美國的某個菲律賓移民，想要匯錢給遠在菲律賓的母親。用戶在手機上點選阿布拉的app，找到最近的櫃員，兩人商議好碰面的地點和時間，用戶把錢交給櫃員，櫃員則是用自己的帳戶，把這筆錢匯入阿布拉的區塊鏈系統中。在菲律賓，這位用戶的母親同樣找到一位附近的櫃員，這位櫃員再把錢轉換成當地現金，交給這位母親。這整個流程完全不必經過銀行，手續費只有一般銀行處理這種匯款交易手續費的一小比例，而且可以立即完成，不必等上十個交易工作日，才能取得匯款。

IBM自2016年起，為供應鏈提供區塊鏈技術。隨著更多連結網路的感測器在各處完成安裝，這些裝置將能和區塊鏈帳本通訊，以更新或驗證智能合約（smart contracts），讓各方都能知道是否符合合約條款。舉例來說，當一個包裹歷經多個轉運點時，包裹目前的所在地和溫度資訊，可以在區塊鏈上更新。若物品必須保持在一定的溫度範圍內，供應鏈上的每一方都可以知道包裹目前的溫度是否符合溫度範圍，以及在何時何地不符合溫度範圍。這也可以改變供應鏈上的商家取得付款的方式，當貨品一送達，智能合約就會自動付款給供應鏈上註記的商家。

這些活動加總起來，就得出連一人新創事業都能和高度規模化的公司競爭的數位商務平台。這是把更多真實世界轉化為軟體的途徑，使創業者更容易建立、部署一個以往只有大型企業才能夠做到的全球性事業或全球供應鏈。

基因組研究

2001年2月，人類基因組計畫（Human Genome Project）和克雷格・凡特（Craig Venter）的塞雷拉基因組公司（Celera Genomics），在一天內分別發表了人類基因組排序的結果。這些結果是人類基因組中的30億個鹼基對排序，已經完成了90%。後來，有報導引述凡特的話指出，他的研究計畫花了一部超級電腦處理器大約兩萬個小時。由此可見，得出那第一個排序，艱難程度不亞於把第一個人類送到外太空去。

不到二十年後的現在，我投資的顏色基因組公司（Color Genomics），只要花249美元就可以做基因檢測服務，排序人體內多數與遺傳性癌症相關的基因。顏色基因組公司的目標是，提供非常便宜、便利的基因排序，讓每個新生兒都能做，而這些資料對終身醫療保健有幫助。

基因資料和人工智慧，正在驅動整個醫療產業轉向精準醫療（precision medicine）。換言之，就是從大眾市場醫療轉向個人化醫療，聚焦於每個個人的身體，而非聚焦於標準實務。顏色基因組之類的公司，將為我們提供大量關於自身基因組的資料，還有種種裝置可以輔助蒐集其他資訊，例如用Fitbit裝置蒐集心率和運動資料，用利萬客的裝置監測血糖。人工智慧和資料，將使醫療從被動開立藥方箋變成預防，醫生將能夠在癌症等疾病尚未惡化之前，就預先做出處理；我們將能夠了解如何最能夠保持健康，建立保持人們健康、而非治療疾病的新產業。

想像一下，這些發展可能如何使製藥業去規模化？過去五十年間，這個產業的目標也是規模化，每間製藥公司都在追求「成功大賣」的藥品——能夠對多數人發揮作用的藥品，例如治療關節炎的復邁（Humira）、降低膽固醇的冠脂妥（Crestor）、治療勃起障礙症的威而鋼（Viagra）等，全都是典型的暢銷藥。為了研發出這樣的暢銷藥物，必須擴大實驗室的規模，實驗幾百萬種物質；必須擴大工廠規模，生產幾十億顆藥丸；必須擴大行銷和廣告的規模，說服數百萬人相信自己需要這種藥物。但是，每個人體都不同，一種暢銷藥未必對人人有效，在每個人體裡的作用也不同，對一些人可能有害。

資料可以改變這一切，顯示什麼物質對你有效，所以一種藥物可能只針對你一人調製，而非針對數百萬人調製。想像一個採行這種模式的製藥業——新創公司使用資料平台，租用製藥作業，瞄準罹患某種疾病的人們，為每位病患提供客製化藥品。在去規模化的經濟中，這種小型公司將可經營這樣的業務而獲利，不再需要興建製藥廠，也不再需要花多年時間，砸錢於實驗室的研發計畫。監管當局的工作，將不再是審核每一種藥品，而是審核所有相關流程，確保一家公司的資料導向方法，總是能夠製造出安全的藥品。

有人工智慧輔助的醫療，醫生可以針對每位病患量身打造醫療保健方案，側重預防性及預測性，這將顯著減少需要住院、甚至是去看醫生的人數。醫療將重返令人倍感親切的年代——醫生認識你的家庭，到你家出診。至於創業公司和醫生，將能聚焦於個別病患或利基市場，以能夠獲利的方式，和大規模的醫院或公司競爭。

以基因學為基礎的技術，影響的將不只是人類醫療保健的領域。現在，有新創公司使用合成生物學，小批量製造新的材料——想像一座小型地方工廠，用微生物製造出塑膠，而不是像大型工廠那樣，從石油提煉出塑膠。基因工程師將培育出在城市微型農場生長的作物，讓食品生產和企業化農耕去規模化，讓小型創業能夠供應產品給超地方性市場，並且因此獲利。

總的來說，基因組研究讓我們可以把摩爾定律的快速進步，和人工智慧的神奇力量應用於生物學上。就像物聯網生成資料和有關自然界和無生命物品的知識，基因組研究將為我們提供有關生命的資料；有了關於生命的資料，我們就能妥善了解、運用，進行個體編程。規模經濟滿足大眾市場，當創業者能夠滿足個體市場時，去規模化經濟將會盛行。基因組研究將驅動醫療保健業、農業和任何涉及管理生命的活動的去規模化。

前方充滿了各種機會與挑戰

現在是1900年的十倍速，我們正在改造地球和自己。人工智慧加上基因組研究，意味的是精準保健（precision health）勝過大眾市場人口保健。人工智慧加上3D列印技術，將幫助專注特定領域的利基型生產贏過量產。人工智慧加上機器人技術，將顛覆現今的運輸系統。人工智慧加上虛擬實境和擴增實境，將大幅改造媒體和個人的互動。

所有的創新科技結合起來，徹底改變了一個又一個產業，翻轉長達一世紀的規模化，驅動去規模化的發展。這將是個動盪與機會的年代，誠如彼得．迪亞曼迪斯（Peter Diamandis）和史蒂芬．科特勒（Steven Kotler）在他們的合著《富足》（*Abundance: The Future Is Better Than You Think*）中所言：「人類正進入急劇轉變的時期，科技具有顯著提升地球上男女老少基本生活水準的潛力。」[16]他們相信，新科技將會不斷地驅動成本降低、產生出更好的產品，改善我們的生活。

但是，科技變化也可能為人們帶來許多挑戰，誠如裴瑞茲在《技術革命與財務資本》中所言：「社會已經建立了無數的常規、習慣、標準和規定，以適應先前革命所創造的環境，將不易吸收、消化新革命帶來的改變，因此制度性的創造性破壞無可避免。」[17]創造性破壞向來對創造者仁慈，但對那些在過程中遭到顛覆、破壞的公司、職業和財務殘忍。

所有的新科技都會帶來一連串的新難題，政策制定者必須注意，並且做出正確抉擇。人工智慧和自主機器人，將會消滅數千萬的工作，包括卡車司機、保全人員、貨品遞送人員等，這些還只是將被人工智慧、自主機器人和無人機自動化的工作中的一小部分而已。Stripe等電商平台上的自動化會計與銀行作業，將會導致不可計數的金融專業人員和律師失去飯碗。採用3D列印技術的新製造業，將會導致中國或孟加拉的量產工廠作業，被移回美國和歐洲城市裡的隨需型製造工坊。這些發展趨勢不容忽視，政策制定者必須思考，該如何幫助人們安然度過去規模化的種種改變。

人類基因組研究的精進，將迫使我們面對嚴肅議題。基因編輯技術CRISPR之類的發明，讓我們可以改變基因，因此可以改變人類，我們變得更能掌控人類自身的進化。我可以預見，終將出現新創公司提供基因編輯服務，顧客能夠購買一個「升級版」的自己，例如擁有更濃密的頭髮，或是更好的記憶力。如果這類業務合法問世，我們可能會親手創造出傷害程度遠遠大於數位落差（digital divide）的生物落差（biological divide），富人將有機會使自己變得比窮人更好、更健康、更聰明；如此一來，形成的不只是財富與機會層面的貧富差距，還有才能與體能層面的貧富差距，這將對全球社會造成傷害力極大的影響。

我能夠展望去規模化、人工智慧和其他驚人新科技的影響，看出全球經濟中許多最重要的產業浮現的新機會。在一個又一個產業，以往被大公司匯總、利用的市場需求，現在逐漸被小公司拆解，並加以迎合。爾後，有些小公司又靠著新的模式，匯集新的跨領域顧客群而變得壯大。隨著租用規模變得愈來愈便宜、容易，加上軟體和資料帶來的新洞見，促成一個又一個產品的改造，這種以創新模式拆分重組市場的循環，將會發生得愈來愈迅速。

這是去規模化概念與現實的交會，無論是身為創業者、投資人或個人的你，都可以在這波新經濟中發掘你的未來之路。這也是本書下一部要討論的主題：檢視各大產業將如何被重新改造，以及這些改造對我們所有人的涵義。

第二部

全面顛覆

3

能源業：
你家將有自己的乾淨發電廠

解決氣候變遷問題，是我們這個時代的創業者面臨的最佳機會之一。人工智慧和去規模化經濟，為創新者提供創造替代能源的新途徑，以取代燃燒化石燃料；就此來看，去規模化可能有助於拯救地球。但是，這其中存在一個問題：能源業（尤其是電力產業）的高度管制，可能導致變革的到來被大大延遲。

能源業新創公司固力可系統（Gridco Systems）的創辦人奈米許・帕泰爾（Naimish Patel），對這個問題有深切體認。他對能源業新機會的頓悟，可以幫助我們深入了解能源業的可能演進，從他和管制心態奮力周旋的經歷，可以看出未來的挑戰。帕泰爾在1998年協助創立迅桐網絡（Sycamore Networks），該公司研發、銷售幫助資料在光纖通訊網路中傳輸的光交換器和軟體，他擔任技術長。

在1990年代末期第一代網際網路公司的熱潮中，迅桐網絡是當紅炸子雞，2000年的估值達到450億美元。但是，在那年年底，網際網路泡沫開始破滅，很多人認為網際網路被過度吹捧，這種觀點導致電訊公司的身價一落千丈，迅桐網絡自是不能倖免。帕泰爾在2000年代中期離開公司，尋找下一個機會，我把他帶進廣通育成的創業者之家，給他時間，資助他尋找下一個創業點子。

2007年，帕泰爾前往冰島，協助成立一座資料中心。雖然他此行的工作，是提供有關通訊的諮詢輔導，但是他發現，大型資料中心的最大成本是電力。這座資料中心設立於冰島，是為了利用當地多雲、寒冷的氣候，讓資料中心的設備保持較為冷卻的狀態。從外頭抽進來的冷空氣，就像免費的冷氣一樣。帕泰爾說：「我在那裡，認識了電力服務供應者。我在通訊領域視為理所當然的許多東西，那裡都沒有。」

那裡的系統技術遠遠落後，沒什麼軟體或數位電子設備將電流自動化、加以監測，以維持效率，或是在出狀況時，立刻改變電力輸送路線。簡單來說，那裡的電力網運作得像河流一樣，持續單一流向，幾乎沒有管理。帕泰爾認為，可以把它的運作改變得更像網際網路，讓軟體和交換器能夠立刻把電力從某處導向另一處。他說：「我開始思考，是否有機會在電力系統中引進自動化。」[1]

帕泰爾研究這個產業時觀察到，顧客開始需要一種既有電力公司無法做到的電力去規模化方法。有顧客在屋頂上安裝太陽能板，把產生的電力輸回電力網，這是如河流般運作的電力網無法處理的情況；也有顧客安裝連結裝置，讓電力的使用控管得更好。這些，再加上新產品和服務（例如特斯拉推出電動車），將導致預期中的用電型態改變。舉例來說，如果有數百萬人的電動車整晚充電，那麼電力公司原本預期的夜間用電低峰時段，將會變成用電量大增，但既有電力網不易偵測或適切反應這類顧客行為的改變。

他表示：「我看到由顧客驅動的變化開始出現，一體適用的服務，將不再符合市場需求。」這項觀察促使他創辦了固力可系統，為電力網研發網際網路型交換器和軟體。網際網路可以雙向傳輸資訊——從位於任何地方的供應者傳送給用戶，再從用戶傳送給供應者，這是因為有路由器和由路由器內部軟體構成的系統。二十一世紀的電力網，將必須以相似的模式運作，讓電力能以最具成本效益的方式，在需要的時候傳送到需要的地方，並且讓任何可以自行發電的用戶，把過剩的電力賣回供電系統——帕泰爾稱此為「活躍的電力網基礎設施」（active grid infrastructure）。

無論固力可系統這家小公司能否全面改造電力網，無庸置疑，必定會有像固力可這樣的公司，在能源業引發深層創新和變革。只要看看電腦的發展史，就可以了解未來可能的發展。早年，所有電腦運算是在公司後台辦公室的大型主機電腦上執行，只有專業人員能夠撰寫軟體，執行使用電腦的新方式。個人電腦及後來網際網路上的雲端運算問世，使電腦運算大眾化、分散化，幾乎任何具有相關專業知識和技能的人，都能夠研發、打造出新的應用程式和產品。傳統的電力網，就像主機型電腦一樣，是難以運用的封閉式系統，只對特定專業人員連結，只有特定專業人員可以修改。

帕泰爾之類的創新者認為，電力的產生及輸送，可以走上類似個人電腦、繼而雲端運算的發展途徑，逐步開放、大眾化，讓創業者想出產生、管理和銷售電力的新方法，並且能夠很容易地連結電力網，就像個人電腦很容易地透過網際網路連結、使用雲端運算一樣。想想電腦運算的大眾化如何開啟了各種可能性，讓創新者打造出種種服務和app；同理，類似網際網路、由人工智慧管理的電力網，將能夠為新創公司開啟大量的機會，發展出新的產品和服務，可能包括小規模的私人太陽能發電場（有朝一日，甚至可能出現小型核子反應爐，詳見本章後文），或是差異化的服務——以較高價格出售可靠度較高的電力給企業，以較低價格出售可靠度稍低的電力給個人。類似網際網路的開放型電力網，仍然是個很新穎的概念，誰都無法確知未來可能的發展。

截至本書撰寫之際，固力可系統仍在一個抗拒創新的產業中努力。它在2016年完成一回合的募資，獲得1,200萬美元的資金挹注，和Uber之類的新創公司輕易取得數十億美元的融資難以相比。事實上，由於產業管制和本身抗拒創新，能源業無法吸引到多少資本投資，因此固力可系統能否生存下去，難以預料，但該公司顯示了將可改變這個產業心態的創業家思維。

關於對抗氣候變遷問題的論點，大多圍繞著減少能源使用打轉。反對者的批評有輕微的——這是在犧牲、很勉強，難以推行；也有嚴重的——這麼做，會重創經濟。美國總統川普本著這樣的觀點，宣布美國退出旨在限制排碳量的《巴黎協議》(Accord de Paris)。

能源業的創業者，採取了更正面、積極的方法。他們看見繁榮，以及幫助創新者利用全球力量減少排碳量的機會。但是，這將需要能源業的監管與治理做出一些改變，也需要資本家改變投資心態，認知到能源業新創公司也能夠帶來大的投資報酬。

我們已經看到，網際網路公司重新定義通訊、零售和媒體等產業，能源業的新進者將帶來新的方法，改善電力網的效率，以乾淨、先進的能源技術，取代燃燒排碳的能源。從網際網路的發展史，或可看出當能源業民主化、大眾化之後，將會發生什麼情形。新公司將會創造出新的就業機會，有助於提振經濟，減少排碳量對全球經濟的影響將會是有利的。

獨占性的大規模電力網，已經不敷時代需求

1900年，全球約有一半的能源，來自燃燒木材、玉米莖稈、乾糞之類的生物材料，[2]另一半來自燃煤，通常是發熱，然後逐漸用來運轉發電機，火車和輪船也靠燃煤產生動力。隨著汽車、卡車和飛機的快速發展與普及，整個能源方程式遭到了大幅改寫。到了2000年，幾乎全世界的能源，都是藉由燃燒石油、煤或天然氣產生；水力發電、核動力和生質燃料的占比，遠遠較小。這一路發展下來，全球人均能源用量成長超過一倍，已開發國家占了絕大部分，開發中國家能源用量的增加雖然占據較小部分，但隨著經濟改善、更多人變得更加富裕，能源的使用量也在增加。

當需求增加時，我們利用規模來加以滿足。世界很快就得出了結論，小企業規模無法產生能源經濟效益。以小批量模式開採、運送、提煉、銷售石油或天然氣，成本太高了，同理也適用於發電、維修電力網和服務顧客。能源

公司的規模愈大，就愈能夠從規模經濟中受益。

於是，我們興建巨大的發電廠，一座電廠可為成千上萬個家戶供電。我們建設一體適用的電力網，以相同方式供輸相同電力，給每一個住家和企業。我們擴大石油產業的發展，盡情擁抱規模化和大眾市場。石油公司埃克森美孚（ExxonMobil）是全球最大的公司之一，年年排行《財星》500大。《財星》500大排行榜於1955年首次出爐，當時名為澤西標準（Jersey Standard）的埃克森美孚排名第二，僅次於通用汽車，排名第三的則是美國鋼鐵（US Steel）。

在二十世紀，全球能源業的每一個層面，都是盡可能追求最大的規模。為了追求電力能源業的最大規模，我們刻意創造出獨占事業，來驅動規模經濟的發展。如果一家獨占公司就能夠應付一個地區的全部供電，何必讓兩家電力公司相互競爭？而容許一家電力公司變成獨占事業的交換條件就是，必須接受管制。

一個如此徹底規模化、壟斷、由監管當局和政府規範的產業，自然極度缺乏創新誘因，投資於可再生能源，或是追求更有效率地服務利基型市場，而非大眾市場。壟斷性的公用事業導致浪費，因為它們可以浪費，它們的收費採取固定報酬率模式，收益保障一定高於資本的特定百分比。一個規模化的能源產業，幾乎沒有任何經濟誘因，解決它造成的氣候變遷問題。

然而，這未必是能源業高級主管的錯，這是制度使然。監管當局聚焦於讓大眾平等、穩定地取得能源，從許多方面來看這都是好事，已開發國家採行的供電方法，維持幾乎完全不斷電，但這種方法阻礙了冒險與創新，鼓勵保守和側重可預測性。因此，已開發國家最終形成一個高度可靠、趨避風險、浪費的能源產業，不利於積極應付氣候變遷問題，或是因應快速變化的電力需求，例如電動車問世造成的電力需求變化。

在印度之類的開發中國家，人口與經濟持續成長，西方電力模式在這些國家運作往往失靈。興建一座新的發電廠，可能得花上10億美元和多年時間，管理不當的電力網往往不可靠。更具創業精神、分散式的供電模式，鼓勵創業者在任何需要且合適的地方，設立太陽能發電或風力發電，把過剩的電力賣回電力網，或是在需求升高時，才從電力網取電。世界各地的電力市場正在改變，能源業者必須能夠敏捷、創新地跟著改變。

運輸業去規模化：電動車和共享運輸普及

能源和運輸息息相關，能源使運輸系統得以運作，運輸產生了龐大的能源需求。能源業追求規模化，運輸業亦然。政府建設公路系統和機場，汽車製造公司整合成幾家全球性巨人，航空公司和船運公司也靠著盡可能變得更大，來取得競爭優勢。這個能源／運輸體系的規模化，對社會有巨大益處，使人們的流動更加便利，也改變了歷史的進程。

但是，現在高度規模化的能源／運輸體系，對我們的地球構成威脅。過去一百年，能源業和運輸業的規模化是發展的正解，現在我們必須面對解決氣候變遷的問題，必須學會轉向。能源業和運輸業必須去規模化，讓創業者能夠創新，更有效率地服務市場，一如發生在零售、媒體等產業的情形。

規模化的方法，造成能源／運輸體系缺乏效率。電力網和公路系統被過度建設，以應付尖峰時段用量，但在其餘時段，這些資源顯著浪費。汽車堪稱是這種過度浪費的最佳例子，我們浪費了大量能源在製造、維修汽車，在已開發國家幾乎一人一輛，甚至兩輛或三輛，但大多數的車子約有90％的時間遭到閒置。若去規模化的結果之一是，出現提供共乘服務和隨需運輸服務的專注型創新公司，那麼未來我們將會花更少能源製造更少車子，但是服務更多人群，而這將能夠顯著改善能源效率，將共享運輸改造成一種比自己擁有車子更有效率的客製化服務。畢竟，絕大多數人的目的，只是想從A地到B地，而在大多數地區達成這個目的的最佳方法，就是擁有一部昂貴的大型機器（汽車），但在未來未必如此。

能源業和運輸業雖然將會分別經歷去規模化，但這兩個產業息息相關，互相密切影響，因此不可能完全區分開來談。可以說，運輸業不去規模化，能源業就無法去規模化，反之亦然。基本上，運輸將變成一種建立於現代能源平台上的可租用服務，透過智慧型手機叫Uber之類的自動駕駛汽車來，就是一個例子。能源和運輸兩個產業的創業者、現任執行長、監管當局，以及立法者，全都必須、也將改變思維。電動車公司特斯拉的執行長伊隆・馬斯克（Elon Musk），就是展現創新思維的好例子。

特斯拉在2003年創立於加州，一開始是研發、打造高性能的電動跑車，然後擴展至電動轎車、家用型電池系統，以及太陽能。馬斯克做對的一件事就是，把這家公司想成一家整合能源與運輸的企業。2016年，他發表了「超級計畫，第二部」（Master Plan, Part Deux），這是他在2006年發表的「超級計畫」的續篇。[3]計畫中指出，特斯拉的終極目標，絕對不是生產熱門的電動車，雖然特斯拉已經推出地表上加速最快的車款。特斯拉研發、製造熱門電動車，只是為了終結依賴石油的一個起始點，馬斯克表示：「這一切的目的是，而且一直都是，加速永續能源的到來，使我們在仍然能夠享受美好生活的同時，想像更遙遠的未來。」特斯拉製造的車子，將是永續電力系統的一部分，這個系統包括太陽能板、電池，以及管理電力和在網路上交易電力的軟體。

2017年，特斯拉開始銷售要價35,000美元的Model 3車款時，轉型至電動車的速度，開始加快到超乎馬斯克或任何人的意料。富豪汽車（Volvo）是第一家宣布自2019年起，推出的所有車款都將是油電混合車或純電動車的主流汽車製造商。汽車製造大國法國訂定了目標，將在2040年之前，終結銷售汽油和柴油車。印度的目標更加進取：到了2030年，國內市場只准銷售電動車。在此同時，創業者正在嘗試減少路上車輛的方法，豐田汽車（Toyota）投資的一家芬蘭公司，正在推行所謂的「運輸即服務」（mobility as a service, MaaS）。

這家MaaS Global公司，開發出名為Whim的運輸服務app。2017年年初，Whim用戶支付約100美元至400美元的月費（視服務項目與需求量而定），使用Whim提供的運輸服務。用戶可以在Whim app的地圖上，選擇一個目的地，app將列出到達此目的地的運輸方式，包括搭計程車、公共運輸工具、租車、自行車等，用戶從中選擇最好的一種，費用由繳交的月費支應。山普·希爾特能（Sampo Hietanen）創立這家公司，是以他任職於芬蘭智慧型運輸智庫ITS Finland時撰寫的一份研究報告為本，他想要把這個概念推廣到全球，他告訴記者：「若你能透過隨時隨身攜帶的app，獲得像訂房網站『無限歐洲』（unlimited Europe）的服務，包括地面及航空運輸的，你就能成為真正的地球公民。」[4]

國家與地方層級的政策制定者和監管當局，必須欣然擁抱像希爾特能、帕泰爾和馬斯克之類的創業家所做的去規模化努力。如果我們能夠鼓勵創新，能源業和運輸業的面貌，將在二十年內大幅改變。

去規模化十年後的可能面貌

成功去規模化十年之後，將使能源和運輸業變成如下面貌。

有愈來愈多的住家和建物屋頂，將安裝便宜、超有效率的太陽能板，地下室或車庫裡也將有高效電池，陽光照射時產生的電力，將會儲存在這些電池裡，以備無陽光照射時的電力供應。電力網將運作得更像網際網路，人人都能夠在eBay模式的市場上出售過剩能源，或是購買需要的能源。能源顧客將有更多的電力來源選擇，就像他們現在可以選擇用各種不同的方式撥打電話，例如傳統市話、手機、Skype等。

屆時，將有愈來愈多的電動車，自己擁有車子的人變少，因為在大多數人口密集的地區，將可使用隨需運輸服務，可能是Uber或Lyft的自動駕駛汽車。住家安裝的太陽能板和電池，將為一家的電動車充電，因此一家的電力需求，將有大部分是來自潔淨能源。有些家庭可能不需要向座落於遠處的燃煤發電廠購買電力，或是將不再去加油站加油。

若這些發展都能實現，電力公司將不需要興建大規模排碳型發電廠。若有愈來愈多家庭和企業在自家屋頂上發電，而且電力網運作得像網際網路，把電力輸送到需要的地方，把過剩電力儲存在新型電池裡，以供可靠取用，就不需要興建傳統的大規模發電廠了。若帕泰爾的固力可系統和其他創新者，能讓電力網變得更像網際網路，那麼就像Airbnb讓人人現在都能夠成為民宿旅館業者一樣，不出十年，一旦這些創新技術能夠普及，人人也都將能夠成為一個迷你電力公司。在去規模化時代，住家或小企業供應的電力，將可能比下一座大型發電廠供給的電力更好、更便宜、更乾淨、更有彈性；若新能源技術比舊能源技術更好、更便宜、更乾淨，顧客自然會選擇新的，這樣或許就能夠開闢一條新途徑，讓全球不再排放那麼多碳。

具有前瞻思維的電力公司將會演進成為平台，基本上運作得像能源版本的網際網路，就像AT&T等公司的電信系統開放他方協作，新創公司也將在這些能源平台上建造產品和服務，銷售給具有特定需求的顧客。想像一下，或許你會需要一組套裝產品與服務，這樣出門在外時，車子就能夠在充電站充電。

當運輸業從使用排碳燃料轉為使用電力，石油占能源大餅的比重將會縮小，就如同我們現在看到煤占能源大餅比重縮小一樣。有些人將會為了興趣開車，就像現在有些人仍然騎馬一樣。傳統加油站將會逐漸關門，或是轉型成為電動車充電站。隨著石油需求下滑，油價進一步下跌，鑽採新油井將不再是門好生意。過不了多久，我們排放到空氣裡的碳量，應該就會顯著減少。

去規模化的強大新能源：太陽能

世界各地的電力公司，自2000年代初期開始談論「智慧型電網」(smart grid)——在電力網中加裝感測器和電腦運算，以監測電流，分析用電情形。美國國會和美國能源部自2007年起，輕推電力公司改造電力網，從由公司本身控管的封閉系統，變成他方能夠連結的開放系統。[5]在此同時，固力可系統之類的新創公司，研發能夠幫助電力網現代化的交換器和軟體，但是相關發展一直相當緩慢，主因是電力公司的趨避風險心態。

不過，這種情形正在開始改變，尤其是有愈來愈多消費者和企業安裝太陽能板，把電力輸回電力網，顧客要求在購買、使用能源方面，能夠有所選擇與控管。麻省理工學院客座教授伊格納喬．裴瑞茲．阿瑞加(Ignacio

Pérez-Arriaga），為該校撰寫了一份有關電力產業的未來的報告，指出：「電力產業若繼續現行的營運模式，系統可靠性及效率不彰的成本風險相當巨大。電力產業的許多利害關係人，已經認知到這些風險，也想要加以避免。」這份報告發表於2016年12月，歷經多年研究，結論與本章提出的論點一致。[6]這份報告提出的其他建議包括：動態訂價，讓電力公司能夠依照供需，對不同地方或不同時段的用電索取不同費率；彈性鋪設電力網，讓不論什麼尺寸或伏特數的太陽能模組和電池，都能夠更容易和電力網系統連結。

如前所述，電力網正在演進成為平台；做為平台，它可以成為去規模化的一個關鍵，讓電力變成像雲端運算那樣可以租用的資源，使得小型公司可以有效推動創新，滿足更小型的利基市場。我們可以將其稱為「電力雲端」（power cloud）——對大量去規模化的能源事業賦能的一個能源平台，而成功轉型成為這種平台的電力公司，將比現在更具不可或缺性。

太陽能將是新的去規模化能源事業的一股主要驅動力。屋頂太陽能板技術目前走在一條可預測的發展軌跡上——呼應了摩爾定律（數十年來，每十八個月，電腦運算能力在相同價格下倍增），但太陽能板技術的進步速度沒那麼快而已。不過，自1980年代以來，太陽能板的成本已經降低了95%，效率也顯著提升。[7]在日照充足的地區，鋪設大面積太陽能板的太陽能發電廠，是最有效率的方法。在現在的技術下，只要在德州的幾個郡鋪設太陽能板，就足以供應全美所需的電力。[8]根據一些計算，地球獲得的太陽能，比全人類使用的能源量多上五千倍，我們的挑戰在於如何捕捉這股巨大的能量，若是能夠解決這個問題，人類就再也不需要燃燒一丁點兒的化石燃料。[9]

德國於2000年開始實施《再生能源法》（Renewable Energy Resources Act），規定國內特定地區必須推出、使用太陽能；到了2017年，太陽能已占德國電力需求的7.5%，讓國內的核電廠設備可以逐漸除役。[10]中國政府積極投資於再生能源技術，光是2015年，就投入895億美元在這個產業；中國國家能源局在2017年1月宣布，將在2020年之前，再投資3,600億美元在再生能源中。中國各主要城市被霧霾和空汙籠罩窒息，迫切需要管制排碳發電。

在此同時，零售業巨頭沃爾瑪，已經致力於在賣場屋頂安裝太陽能板，宣布力求達到100%使用太陽能的目標。目前，沃爾瑪距離達到這項目標還很遠，但力圖在2010年到2020年間，將來自電力網的能源用量降低20%。2016年，谷歌的能源用量占了整個舊金山灣區能源用量的一大占比，谷歌表示，到了2017年年底，它在全球各地的所有資料中心，將完全使用再生能源。[11]德國、中國、沃爾瑪和谷歌的這些努力，驅動了一股需求，創造出創新、平價的太陽能市場。根據彭博新能源財經（Bloomberg New Energy Finance）蒐集到的資料，2016年年底，在世界許多地區，太陽能首度成為比其他能源技術更便宜的電力能源。[12]

我親身觀察到這種變化，我在2000年代中期，投資於美國的太陽能板開發商史帝昂公司（Stion Corporation）。像我這種科技業出身的人，對於太陽能事業都有直覺的了解，因為太陽能板的發展製造流程，相似於電腦晶片。技術能夠持續縮小太陽能板的厚度，當每瓦特使用愈來愈少的矽晶，將能使太陽能板的製造成本持續降低，同時提高每一個模組的效率。不過，由於需求成長得不夠多，太陽能板的製造成本仍然不夠低，成本降低的速度也仍然不夠快，無法使得相關研發和先進製造的龐大投資獲得相應回報。

簡單來說，太陽能是一個雞生蛋、蛋生雞的問題。中國解決這個問題的方法，就是強制創造出龐大的需求，建立有效率的太陽能板製造廠，刻意驅動成本降低。史帝昂公司無法對抗價格更便宜的中國製太陽能板，這種情形對美國許多太陽能公司形成了嚴重的劣勢，史帝昂公司原本計畫在密西西比州哈蒂斯堡（Hattiesburg）創造1,000個就業機會，但最終只創造了110個。反觀，中國則是製造出平價的太陽能板，使全世界受益。

現在，太陽能產業發展的情形，和1980年代的電腦業有很多相似性。個人電腦最終把電腦運算能力的成本，降低到足以讓任何人都買得起一部電腦，用它來創立一番事業。太陽能技術已經發展到類似於個人電腦的這種時刻，個人已經可以符合經濟效益地安裝太陽能板，建立自己的發電廠；我預期，不用再過多久，任何有才識的創業者，將更容易創立發展性更好的太陽能發電事業，並且讓它與電力網有效連結。

風力發電的發展情形則是不同。在再生能源中，風力其實是無法去規模化的。風力的經濟特性，相似於傳統發電廠，風力發電是為了規模化而設計的。那些座落於山坡的巨大風車，所產生的能量夠多，符合經濟效益。你無法在自家屋頂上架設一組夠大的風車，足以產生能夠造成影響的能量，在物理方面是做不到的。若能源業要朝向去規模化發展，風力在未來能源中，可能只會扮演相對較小的角色。

自動駕駛電動車普及的影響

雖然太陽能將對未來的能源生產（供給面）有最大影響，但運輸業的新電力技術，將在需求面產生巨大影響。

我們全都大略知道，電動車現在發展到什麼程度了。

在剛邁入二十一世紀時，電動車的概念仍然像白日夢一般，但是到了2017年，在舊金山灣區看到一部特斯拉電動車，就像看到一部豐田冠美麗（Toyota Camry）那樣稀鬆平常。2016年3月，特斯拉開始接受Model 3的訂單，幾週內就接到50萬部的訂單。通用汽車欣然擁抱電動車的概念，宣稱電動車是公司的未來；全球大多數的汽車製造公司，也都做出了相似的宣言。

在此同時，Uber和Lyft已經讓全球無數人習慣於「汽車共享」（car sharing）的概念；或者，我們也可稱為「隨需運輸」（on-demand transportation）。過去五十年，汽車製造公司說服人們相信，我們必須至少擁有一輛車，甚至更多輛。汽車共享打破了這個循環，讓我們即便不擁有汽車，還是能夠到處移動。現在，一輛車可以服務更多人，不再是一個人擁有多輛車。

汽車共享的下一步，將是應用自動駕駛汽車，因為它們將能夠比人類駕駛更有效率地進行載客服務（畢竟，人就是人，有些駕駛可能因為想去吃午餐，拒絕一趟載客。）不過，這樣的無人駕駛載客服務何時普及，將比是否將會發生更難預測。在本書撰寫之際，Uber正在匹茲堡試營自動駕駛載客業務，一些大汽車製造公司，包括福特、富豪、寶馬（BMW）等，預測將在2021年之前開始銷售自動駕駛汽車，通用汽車和Lyft共同合作自動駕駛載客計畫，表示將在2021年前準備好，但是Lyft執行長約翰・齊默（John Zimmer）表示，只會在特定區域、最高速限25英里的地區，提供自動駕駛載客服務。

特斯拉的車子，已經能在許多情況下完全自動駕駛，但駕駛座上仍需有人，隨時準備接掌控制車輛。大量無人駕駛汽車行駛於各大城市的情景，恐怕還要多年以後才會實現。和通用汽車合作的卡內基美隆大學教授拉吉・拉吉庫馬（Raj Rajkumar）表示：「這些聲明都只是想望，不是真的現實。我們距離達到駕駛座上完全無人的境界，還有一段長路要走。」[13]杜克大學機械、電氣與電腦工程教授瑪麗・庫明斯（Mary Cummings）也表示，完全自主駕駛汽車「在所有狀況下，都能夠自主駕駛的汽車，最快可能得要十五到二十年後才會問世。」

不過，這種發展趨勢若持續下去，終有一天，將有大量自動駕駛汽車行駛於每一座城市。屆時，自己擁有一輛汽車，將如同自己掘井取水一般，效益低落。在鄉村地區，你可能仍然需要擁有車子，但在都市地區，就沒有這個必要性。

若我們能以自動駕駛電動汽車，取代許多燃油車輛，我們對化石燃料的龐大需求，就會轉向愈來愈由太陽能供應能源的電力網。這種需求的增加，將為新種類的能源事業創造大好的機會，吸引更多創業者創立更多去規模化的能源公司。

這個產業去規模化意味的是，全球的汽車製造商最終將會縮減規模，生產更少的車子。這個現象本身就對地球環境有益，因為每一輛車的生產，往往必須耗用很多能源。想想一輛車子的零組件，得在世界各地製造，再運送到福特或通用的某座組裝廠，而這座組裝廠的運作必須使用大量能源，組裝完畢的車子，還得運送至各地的經銷商。若是一輛車可以服務更多人、擁車者減少，光是製造更少的車子，就能夠大幅減少化石燃料的使用及排碳量。

電池是推廣太陽能的關鍵

電動車和能源去規模化的關鍵要素之一是電池，為了解決如何儲存太陽能的問題，需要電池，因為沒有自然方法可以儲存陽光。石油可以裝在儲存槽裡，等候需要使用之時取用，天然氣也可以儲存備用，煤可以高高堆疊起來，但是陽光消失，就消失了。沒有人會想要依賴無法儲存起來，而且在需要時可能無法取用的太陽能，或是其他任何非碳能源。缺乏平價的家用電池，將是導致這種去規模化無法加速發展的一項重要環節。

2017年年中，投資了50億美元、位於內華達州的特斯拉十億工廠（Tesla Gigafactory）開始量產。這是首度出現車用與家用大型電池的量產，特斯拉表示，它的工廠應該會使電池電力的成本降低至少70％。在此同時，全球各地的其他公司，也正在研發新種類的電池。位於匹茲堡的愛奎恩能源公司（Aquion Energy），致力於研發它所謂的「鹽水電池」（saltwater battery），並且已經在波多黎各的一座太陽能發電場進行安裝。

在英國，以製造吸塵器聞名的戴森公司（Dyson），也致力於研發家用電池。在德國，梅賽德斯—賓士（Mercedes-Benz）開發了一款家用電池，打算銷售到全球市場。鋰電池之父約翰·古迪納夫（John Goodenough）在2017年初宣布，他和他的德州大學奧斯汀分校團隊，已經發明出一種玻璃材質電池，性能遠遠優於先前的每一種電池，包括他在1980年代發明的鋰電池。根據電機電子工程師學會（Institute of Electrical and Electronic Engineers, IEEE），這種玻璃材質電池能夠儲存的能源，是同體積鋰電池的三倍。[14]

在2010年代中期，家用電池的價格仍然高達數千美元，安裝不易，也無法儲存足夠的電力，以支撐連續多日的雨天所需要的電力。不過，很多公司都紛紛相準了機會，這種情況將會改變。試想，一旦我們能夠獲得低價、高性能的家用和車用電池，將會發生什麼事？屆時，很多住家、商家和企業，將可變成自行發電和供電，不再需要仰賴電力網和任何排碳的化石燃料。高效率的太陽能板將在日照時產生電力，把過剩電力儲存在位於地下室的電池裡，或是儲存在車庫內的電動車電池裡。

這是終極版本的能源去規模化，不再由獨大的電力公司，以一體適用的模式來服務所有顧客，每棟建物將以住戶想要的方式生產、使用電力。我們將從現在可能被暴風雨輕易損毀的脆弱電力網，發展成擁有更堅韌、更具彈性的分散式電力供應系統。總的來說，一旦儲存問題獲得解決，能源的去規模化將會顯著加速，電力網和石油公司的舊模式也將被粉碎。

資料將扮演重要角色

能源業去規模化的最後一塊拼圖是資料。智慧型物件在2010年代開始進入住家和商業場所，在消費者這一端，已被谷歌收購的Nest Labs推出的智慧型恆溫器，能夠學習一個家庭成員的生活型態，並且使用相關資訊，更有效率地調控住家的冷暖氣。飛利浦（Philips）和奇異出品的智慧型燈具，能夠蒐集有關照明使用的資料，並且自動開關照明。在企業界，奇異推出「工業網際網路」（industrial internet），思科系統和IBM之類的科技業巨擘，則是提供物聯網服務，把感測器安裝到幾乎任何使用電力的物件上。

所有的物聯網活動，產生有關能源使用情形的巨量資料，這是以往無人能夠獲得的資訊，相關洞見將在去規模化扮演重要的角色。就像零售交易或社群網絡的資料，能夠幫助創業者推出客製化的產品和服務，瞄準小量的需求，相同情形也將發生在能源業。資料將把創新者導向能源業的新市場和新種類的產品，幫助公司發展出更好的太陽能技術、更好的電池，以及更好的電動車；同時，資料也將幫助政策制定者對能源業有更好的了解，推出有助於促進去規模化的明智監管政策。

誠如我們近年來常聽說的，在二十一世紀，資料就是新石油——驅動一切的原料；在能源業，資料不只是比喻性質的新石油，實際上真正影響我們如何用新能源取代石油。

管制心態必須改變

我在2007年左右，開始投資於能源業，這個產業向來抗拒創新的心態，令我感到憂心。因此，我便開始研究一些基本政策，試圖排除一些路障，協助打造開放的能源體制。當時，我住在大波士頓地區，德瓦爾・派屈克（Deval Patrick）是新當選的麻州州長，他鼓勵我和其他投資人和創業者，構思如何設計能源業去規模化的政策，以及如何幫助創業者在能源業創立新事業的政策。我協助創立新英格蘭清潔能源協會（New England Clean Energy

Council），由能源產業代表、投資人、學者和政策制定者組成。我們協助研擬立法，包括麻州在2008年通過的《綠色就業法》（Green Jobs Act of 2008），提供資金和機制，以創造潔淨能源的就業機會。

不久後，我遷居矽谷，在2011年幫助創立了一個名為「先進能源經濟協會」（Advanced Energy Economy, AEE）的公共政策組織。該組織的共同創辦人，是我透過共同友人結識的避險基金經理人暨政治運動人士湯姆・史戴爾（Tom Steyer），美國前任國務卿喬治・舒茲（George Shultz）和科羅拉多州前任州長比爾・里特（Bill Ritter），都是這個組織的董事會成員。AEE現在在美國近三十個州設有分會，聚焦於共同研發、推廣下一代的電力制度，以及如何針對商業模式，制定或修改現有的監管政策和法規，以支持創新。在AEE的工作，使我密切接觸與了解政策、科技和財務之間的相互影響性。我深切認知到，我們必須把這三者合為一體思考，而且在能源業和運輸業，這點尤其必要。隨著去規模化的扎根，政策必須做出明智的改變，否則老舊的政策將會嚴重阻礙去規模化的發展。

從下列這個例子，就可以看出管制如何不必要地阻礙去規模化的發展。2016年，內華達州的監管當局，對自覺將陷入財務危機的內華達能源（NV Energy，該州首要的電力公司）做出讓步。結果，住家把自家屋頂太陽能板產生的過剩能源，賣回給內華達能源的價格顯著降低。多年來，內華達能源對這些太陽能顧客的過剩能源，支付每千瓦11美分的價格回收，這個價格被調降至9美分，並且將在2020年調降至2.6美分。

太陽能供應者說，新的費率使得太陽能過於廉價，令住家不願意安裝太陽能板。太陽能產業和內華達州的消費者保護局，對這樣的費率調降提出質疑。該州州長布萊恩．桑多華（Brian Sandoval）說他想支持太陽能，但內華達州必須在補貼太陽能產業上謀求適當平衡。然而，價格下滑的殺傷力太大，以致美國最大的太陽能發電公司太陽城（SolarCity，隸屬特斯拉公司），決定從內華達州撤出，裁員550人，令原本應該能從太陽能取得大宗能源的這個沙漠州，太陽能產業的發展倒退了一大步。像太陽城之類的創新企業，傾向推動能源業的去規模化，而內華達能源之類的獨大企業，則是致力於維持能源業的規模化。

政策制定者在思考去規模化時，應該學習許多國家在網際網路問世時，對電信管制的新思維。那些管制的改變，幫助加速了通訊業的創新，創造出更多開放的網路。

《1996年美國電信法》（The US Telecommunications Act of 1996），是自《1934年美國通訊法》（The Communications Act of 1934）以來，針對美國電信業做出的第一次重大修

法。1996年的修法，對電信服務業者和資訊服務業者做出了明確的區分，立法免除後者受到共同載波（common carrier）的規範。因此，寬頻服務業者，例如有線電視公司和無線寬頻服務業者，不需要為每一個顧客提供一條電話線路。

這項規範就猶如規定電力公司，必須確保每個人都能夠獲得電力供輸、不能斷電。這對社會來說當然是好事，但對必須為所有人提供可靠、平價服務的公司來說，就必然得採行針對大眾市場、高度規模化、一體適用的模式。不受限於此一規範的公司，除了可以提供可靠的服務，還能夠聚焦於為較小型的利基市場，提供量身打造的服務，而這正是去規模化的核心。受到共同載波規範的電信業者，通常傾向盡可能提供顧客更少的選擇；反之，如果容許創新，成千上萬家創新企業，將可以為小群顧客打造服務。基本上，這就是在為每一個顧客提供更廣泛的選擇；把顧客選擇擺在核心，就會驅動去規模化的發展。

無論如何，能源需求將會改變，顧客將會自己生產更多電力。事實上，若電力公司不對需求變化和訂價做出反應，顧客將有更大的誘因，進一步採用去規模化的電力或能源（因為去規模化能源變得比較便宜，並且具有更多誘人的特色），捨棄電力公司提供的能源（因為可能變得比較貴，服務一體適用、彈性不大。）如果有愈來愈多的顧客捨棄電力公司的服務，顧客變少，為了維持營運，電力公司勢必得進一步調高費率。但是這麼做，將會導致更多顧客離去，電力公司的資產（發電廠和電力網），將不再發揮應有的獲利效能，開始虧錢。有些人把這種現象，稱為「電力公司的死亡漩渦」（utility death spiral）。

在運輸業快速朝向電動運輸的變遷下，二十一世紀電力制度的變革，更顯重要。初期變革的重要一步是，促使電力公司配合創業者，而不是與創業者作對。政府必須修改或制定新法規和營運模式，給予電力公司一條演進的途徑，把它們的角色從營運巨大的發電廠和供電網，變成經營軟體平台，讓住家和小企業的小規模電力解決方案互連。電力網可以變成一個支援創新創業者的多元化平台，就像網際網路、iPhone和應用程式商店一樣。這麼一來，電力公司將能夠繼續繁榮發展，在電力網絡中繼續提供可靠性和更大的作業彈性，而行動快速的創業者，則是能夠提供愈來愈好的生產、輸送、交易、銷售、共享和儲存電力的方式。

我們一再看到，在歷史悠久的產業中，小公司靠著以既有平台為基礎，找到新的市場而勝出，這種情形也必須發生在能源業。若能發展出適切的技術，創業者將驅動能源業的去規模化，讓整個產業變成小公司和能源製造者，能以分散的模式發電和供輸電力的生態系統。

能源業的新商機

美國可以藉由讓世界一流的創新能源新創公司繁榮，創造出不少就業機會。但是，美國不可能在低成本太陽能板製造上贏過中國，就像美國無法在低成本電腦製造上贏過中國一樣。儘管如此，在能源業，就如同在網際網路產業，美國可以對創業者鬆綁，讓他們在能源商品交易平台上，創造產品和服務。

身為展望未來的投資人，我看到這個產業的創業者和既有公司，面對下列的新商機。

改造電力網　現有電力網是仰賴大量老舊基礎設施的老舊單向系統，必須被改造成像網際網路那樣的雙向系統，讓能源能夠從任何生產者流向任何消費者。新一代的電力網，必須是像網際網路那樣的開放系統，任何人都可以在上面開發、應用，不論那些應用是電動車、智慧型住家，或是目前還未有人想到的新型態事業。

二十一世紀初期，美國的有線電視公司，急著把它們的單向廣播網，改造成雙向寬頻網際網路系統。這項壯舉為務實改造的有線電視公司、思科系統和迅桐網絡之類的網際網路硬體公司，以及各種網路軟體公司創造生意。電力網的改造，規模將是建立寬頻網際網路系統的十倍以上。實體設施的改造——更換遍及全美和世界各地的變壓器、電線和其他設備，將在每個城鎮創造就業機會。需要花多少錢呢？美國土木工程師學會（American Society of Civil Engineers）估計，在2025年之前，將需要再花1,770億美元在電力網上。[15]

物聯網和雲端電力　當電力網被改造成一個開放的雙向系統之後，將開啟在此平台上建立的產品和服務市場，就像雲端運算開啟了種種產品和服務的可能性，例如智慧型手機或Fitbit健康監測器之類的連網器材，以及從Uber到Salesforce.com的廣泛服務。我們將會看到住家和其他建物裡，安裝了度量和調控電力的器材，讓我們更詳細了解電力的使用情形（你真的了解你如何使用你付費的所有電力嗎？恐怕不了解！）未來，將出現新型雲端服務，讓顧客能夠向任何供應者購買電力，或是可以集成電力，賣給他方。

創業者將會想出什麼聰明的好點子，難以預料，但是看看這個領域的一些新創公司，或可一窺可能性。舉例來說，LoudCell部署感測器和軟體，並且提供儀表板給公司，讓它們看看自家能源消費、生產（若它們有太陽能板可以反饋能源給電力網的話），以及浪費的情形。一家名為Bastille的公司，正在研發實用的物聯網裝置和軟體，能夠監測電力網，並且偵測出來自駭客、暴風雨或任何可能破壞電力服務的威脅。

電氣化運輸 無疑地，汽車和卡車將愈來愈朝向電動化發展，地面運輸工具將從使用化石燃料轉為使用電力。想像興建充電站或解決電動運輸工具的最大阻礙——長途旅行，所帶來的龐大商機：每一座加油站將必須改建，公司和城市的停車場，將可能擴充設置充電站。

充電站設施公司ChargePoint，已經推出Express Plus充電樁，電動車司機用買杯咖啡的時間，就能讓車子充飽能夠行駛數百英里的電力。該公司執行長派斯奎爾．羅曼諾（Pasquale Romano）告訴《富比士》（*Forbes*）雜誌：「當你的拿鐵做好了，你的車子大概也已經完成充電了。這是我們想要達到的目標，絕對不會比去加油站加油還難。」[16]特斯拉也有類似的充電樁，該公司表示，特斯拉汽車充電大約30分鐘，就能夠跑上170英里。我們可以預期，隨著上路的電動車增加，這個市場的活動將會暴增。

儲存方面的挑戰 從化石燃料轉向太陽能或風力發電，電池技術仍是最棘手、有待解決的問題之一。石油和天然氣都可以儲存在槽裡，供將來使用。儲存日光或風的唯一方法，就是把由此產生的電力儲存在電池裡，但現今的電池還不夠好或不夠便宜，足以有效解決這個問題。我們需要能夠儲存長效電力的電池，足以支撐一週暴風雨天氣型態生活所需的電力，或是足以供應汽車行駛一整天所需的電力。這需要材料科學的突破，而率先做到的公司，將能夠改變全世界。

卡內基美隆大學教授暨愛奎恩能源的創辦人傑伊・惠特克（Jay Whitacre），致力於發展鹽水電池。中國的寧德時代新能源科技公司（Contemporary Amperex Technology Ltd, CATL）和特斯拉競爭，追求成為鋰電池製造的巨擘，目前絕大多數電動車使用的電池和家用電池都是鋰電池。由於這個領域涉及硬科學和大型製造，對新創公司而言是較難的領域，但持續有創投資金浥注。

新核能　終有一天，能源生產技術，將會解決我們所有的能源需求。儘管目前這聽起來似乎希望渺茫，但科學家和創業者仍然相信，有朝一日，他們能夠發展出安全、平價的核融合技術，立即改變整個有關能源的爭論。目前運轉中的核能發電廠，都是使用核分裂技術；核分裂難以控制，而且會釋放輻射物質。核融合是太陽產生能量的方式——在巨大的壓力下，原子核互相結合的核反應，雖然科學家已經能夠啟動核融合反應，但創造這種反應所需耗用的能量，比核融合釋放出來的能量還要多，因此迄今仍不是為世界供應能源的好方法。

儘管如此，知名的創投家彼得・提爾（Peter Thiel），仍投資於發展核融合發電的新創事業——赫力昂能源（Helion Energy）。有三十五個國家參與的國際熱核融合實驗反應爐（International Thermonuclear Experimental

Reactor, ITER），則是致力於證明核融合能源技術的可行性；這項計畫的預算為200億美元，目標是在2025年首次啟動反應爐。獲得微軟共同創辦人保羅·艾倫（Paul Allen）等投資人浥注資金的TAE科技（TAE Technologies），已經打造出一台能夠讓超高溫（約1,000萬°C）的離子體穩定續存5毫秒的核融合機器，5毫秒已經比這個領域的其他計畫能夠做到的時間遠遠更長了。研究控制核融合技術的華盛頓大學物理學兼任教授湯姆·賈博（Tom Jarboe）指出，全球每年大約投資兩兆美元於能源，但只有幾億美元投資在核融合反應爐和相關研發上，若我們想使人類擺脫化石燃料，對核融合研究浥注更多資金，將是良好的投資。

4

醫療保健業：
基因組研究和人工智慧將幫助延長壽命

進入推特公司任職後，歐德曼．樂拉奇（Othman Laraki）和伊拉德．吉爾（Elad Gil），幾乎每週都會爬上舊金山公司總部屋頂，一起共進午餐一個小時，邊吃邊聊科技和他們接下來可以做什麼，這個習慣持續了好幾年。自麻省理工學院取得企管碩士學位的樂拉奇，擅長設計大系統軟體；自麻省理工學院取得生物學博士學位的吉爾，自然對基因學感興趣。在2000年代初期，兩人都任職於谷歌，並於2007年共同創辦Mixer Labs，開發能夠幫助雲端應用程式更加了解用戶所在地的軟體。2009年，他們把Mixer Labs賣給推特之後，加入推特公司。

2011年，在每天的屋頂午餐會中，吉爾帶了一顆硬碟。他付了5,000美元，取得他的基因組排序；早十年的話，這得花上他10億美元。現在，吉爾的基因組排序，就存在這顆簡單的硬碟裡，不過就是一堆資料罷了。這令樂拉奇大感興趣，他的家族有BRCA基因突變史——遺傳性乳癌傾向的基因突變，知名好萊塢影星安潔莉娜·裘莉（Angelina Jolie）就是在2013年，發現她的家族帶有這種基因突變，因此預防性地切除雙乳。樂拉奇詢問吉爾，能否把這顆硬碟借給他，讓他玩玩裡頭的資料，看看能否發現什麼。「我告訴伊拉德，我會用它來找出他身上的所有小蟲，」樂拉奇如今開玩笑地說。[1]

樂拉奇讀了這顆磁碟之後發現，現有用以分析基因資料的軟體工具，可以說……很差。呃……這是客氣的形容詞了，他說的是：「簡直爛爆了！」他表示「我們身處基因學的前瀏覽器時代」，也就是說，對基因資料進行分析，就像1990年代中期網路瀏覽器問世前，使用網際網路時的那種難以駕馭的受挫感。樂拉奇因此察覺到一個機會，科學已經釋放了排序基因組的能力，從我們的DNA萃取原始的基因資料，但仍然缺乏好方法，具有成本效益地分析、找出資料中的涵義。樂拉奇和吉爾相信，只要解決這個問題，人人就能負擔得起探索自身的基因資料，找到活得更健康、更長壽的祕訣。

2013年，他們協助創立了顏色基因組公司，旨在讓很多人能夠以負擔得起的價格，取得有關自身基因資料的資訊。我也投資了這家公司，因為我相信，基因組研究將會徹底改變醫學。顏色基因組公司的團隊，建立了一項由軟體驅動的服務，能夠檢測出和癌症相關的基因，例如BRCA。藉由使用人工智慧和機器人技術，把實驗室和基因分析自動化，顏色基因組將基因檢測的價格降至249美元，使得許多消費者不需仰賴保險給付，就可以負擔得起做這項檢測。

在我撰寫本文的2017年，顏色基因組和這個領域的其他公司如醫路明（Illumina），一方面不斷地把基因檢測成本往下推，另一方面則是從基因資料中，萃取更多的洞見。發展軌跡很明顯：不出十年，基因檢測成本將降低到可讓每個新生兒的基因組被排序，以供現時和未來分析之用（你的基因結構一輩子都不會改變。）隨著檢測的價格降低，做基因組排序的人將會愈來愈多，包括那些目前已經成年的人。

蒐集到這些基因資料之後，醫療保健業將不再只仰賴醫生的直覺與經驗，也可以仰賴我們體內的硬資料和那些資料顯現的跡象。基因資料只不過是這種改變的一部分，我們蒐集到有關自身的資料愈來愈多，例如從Fitbit裝置蒐集到的生命徵象資料、電子健康紀錄（electronic health records, EHRs）中的健康史，以及從我們的行動裝置蒐集到，關於我們去過哪裡、做過什麼的資料（例如，若你有萊姆症的症狀，在診斷時，若能知道你是否去過壁蝨普遍的地區，將有助於診斷。）

所有的健康相關資料，成為那些想要創建新型醫療服務的新創公司的養分，讓它們能夠低成本地了解每個人的身體與健康狀況。針對糖尿病或高血壓等疾病的治療，現在可以不再是採行對廣泛人口有效的治療方法，而是針對個人量身打造且有效的治療方法。藥方可以針對個人病況開立，甚至專為個人調配藥劑，畢竟對一人有效的藥物，不見得對另一人具有同樣藥效。每一間大製藥公司的實驗室，都在進行這種研究。

這是個人化醫療的誕生——一人市場醫療，而非大眾市場醫療，再過十年，醫療保健業將非常不同於現在的面貌。醫生將和人工智慧攜手，人工智慧系統將被餵入夠多的病患資料，對每個病患的身體，得出大量、詳盡的了解。我們將不再需要興建更多的大型醫院，因為去規模化的新型醫療保健事業與服務，將能夠應付愈來愈多的病患需求。藥物將針對每位病患客製化，醫療保健專業人員將事先知道，什麼樣的治療對個別病患最有效，而不是像現在的常見情形——必須等候看看，才能知道某一藥物或療程對病患的療效。伴隨去規模化的發展，醫療有可能變得更便宜、更能廣泛取得，而且更有成效。

醫療保健業規模化的利與弊

了解醫療保健業何以規模化，可以幫助我們看出它可以如何去規模化。聯合健康集團是醫療保健業過去五十年成長策略的一個縮影，該公司由理查德・柏克（Richard Burke）創立。生長於喬治亞州瑪麗愛塔鎮（Marietta）的柏克，在1960年代就讀喬治亞理工學院，取得工程學士學位之後，再取得企管碩士和博士學位。大學時期，柏克在一家保險公司工讀，處理理賠申請，他對這個領域的興趣，引領他進入明尼蘇達州明尼亞波利斯市一家名為InterStudy的醫療保健業智庫任職。

當時，尼克森政府的醫療保健業諮詢顧問、加州小兒神經科醫師保羅・艾爾伍德（Paul Ellwood），正在研究健康維護組織（health maintenance organization, HMO）的概念，當作控管醫療保健成本的一條途徑。直到1960年代，美國的醫療業一直像手工藝業，鮮有連鎖醫院，大多數醫生都獨立開業，或是採行小群醫生聯合診所的模式。但是，到了1970年代，嬰兒潮世代已經成年，再加上人們的壽命更長，使得醫療體系中上了年紀的病患激增，導致需求大於供給，使得消費者就醫價格上漲，提供員工醫療保險的雇主成本升高。健康維護組織可能是一個有效的解方，讓病患或雇主繳交合約期一筆固定金額的醫療費用，不論看病和醫療次數，而不是每次看醫生和治療都要付費。健康維護組織開啟了一種讓醫療業匯集資源、為大眾市場提供標準化醫療服務，妥善利用規模經濟的新模式。

柏克在InterStudy為健康維護組織發展出新構想，任職該機構三年後，他想在實務界建立真正的健康維護組織。於是，他在1974年於明尼蘇達州明尼通卡鎮（Minnetonka），創立了一家小型的健康維護組織，名為Charter Med，不久後改組，改名為聯合健康集團。

聯合健康集團在明尼通卡鎮成長之後，開始收購其他的健康維護組織和相關公司，獲得更大的規模經濟。1995年，它以16.5億美元買下了由旅行家集團（The Travelers Companies）和大都會人壽（Metropolitan Life）共同擁有的梅特健康集團（MetraHealth）；1996年，它買下了在美國南部地區營運的美國健智公司（HealthWise of America）；1998年，它收購了亞利桑那健康夥伴（HealthPartners of Arizona）；此外，它還收購了幾家健康保險公司和巴西的一家連鎖醫院。基本上，聯合健康集團持續了四十年的狂熱收購行動，直到2010年代。

聯合健康集團是醫療保健業採取購併以擴增規模熱潮的先鋒，根據哈佛大學的一項研究報告，從2007年到2012年，總計有432樁醫院購併案，涉及了835家醫院。醫療保健業公司不僅橫向擴大規模，也垂直擴大規模，把醫療的每個層面整合起來。從2004年到2011年，醫院經營的醫療業務項目，從24%的項目增加到49%。到了2010年代中期，60%的醫院也經營居家照護服務，37%的醫院擁有專業護理之家，62%的醫院經營安寧照護服務，15%的醫院提供輔助生活服務選擇。聯合健康集團成為全球最大的醫療保健業公司，在美國一年服務近4,000萬人，在巴西一年服務500萬人。

醫療保健業其他種類的公司，也在追求大規模。快捷藥方（Express Scripts）壯大成為美國最大的藥品福利管理業者，每年處理超過13億筆保單；藥品批發巨擘麥克森公司（McKesson Corporation），目前年營收已超過1,000億美元；美國控股實驗室公司（Laboratory Corporation of America Holdings, Labcorp）和奎斯特診斷公司（Quest Diagnostics）在醫療檢測領域制霸；壯生公司、輝瑞製藥（Pfizer）和其他幾家公司，已經成為全球製藥業的巨人。

醫療保健業在過去四、五十年間的規模化，是那個年代的正解，使得先進國家的多數人，可以獲得良好的醫療保健服務。它反映的基本理念是，縱使是最窮的人，也應該要能夠獲得醫療照護，而美國以外的大多數已開發國家，實行由政府經營的全民醫療保健服務，來達成這項目標。別的不說，醫療保健業的規模化，為更多人提供醫療照護，使得全人口變得更健康、更長壽。根據美國疾病管制與預防中心（Centers for Disease Control and Prevention）的統計，1960年，美國人口的平均壽命為69.8歲，三十年後的1990年，美國人口的平均壽命增長至75.2歲，現在則是增長至約78.8歲。[2]

二十世紀醫療保健業經濟學的基本概念是，在人們罹病之後提供治療，畢竟醫生和醫院是靠著按服務量收費（fee-for-service）模式來賺錢的；上門求診的人次愈多，愈賺錢。近年，醫療保健業推行按成效收費（fee-for-result）模式，激發醫生和醫院以保持人們健康為目標，但由於仍然缺乏有關個人的資料可供幫助預測、預防健康問題，因此仍然得仰賴人們察覺到自己生病了，然後找醫生治療。

治療病人比保持人們健康要昂貴得多，就像你的車子故障後修理所花費的成本，遠高於常規預防性維修保養所花費的成本。為了以能獲利的方式診治照護所有病患，醫療保健業需要規模經濟，以維持低成本、提升利潤。醫療愈標準化，醫療保健業愈能診治照護大量病患而賺錢，這項原理適用於醫院、醫生和醫療器材商。最賺錢的藥，是那些對最多數量病患有效，以及對最普遍狀況有效的藥；運作得最好的醫療保險，是能夠把風險分攤到最大數量顧客身上的保險，這些全都是規模化效益。

但現在，規模的成本變更，益處消減。2015年，美國的醫療保健支出高達3.2兆美元，或人均1萬美元，占了整個國家GDP的17.5%。科羅拉多全民醫療保健基金會（Healthcare for All Colorado Foundation）會長文斯·馬可夫齊克（Vince Markovchick）和科羅拉多州前任州長理查德·拉姆（Richard D. Lamm），在2016年合撰的一篇文章中表示：「在這3.2兆美元的醫療保健支出中，有70%直接用於我們的醫療保健成本，其餘30%用於行政管理和利潤，是任何其他國家的兩倍有餘。有高達9,000億美元，約占總支出的三分之一，可歸屬於浪費、詐欺和濫用。」[3]

過去二十五年，醫療通膨率是整體通膨率的三到四倍；糟糕的是，縱使美國的醫療保健成本漲得更高，病患獲得的醫療照護品質並未明顯改善。在世界衛生組織（World Health Organization, WHO）對各國醫療品質的排名中，美國排名第37，落後於哥斯大黎加、摩洛哥和希臘等國家。

哈佛健康出版部（Harvard Health Publications）總編輯葛萊格利·柯夫曼（Gregory Curfman），指出規模擴增導致成本增加的一個層面：「當個別醫院合併成更大的體系時，它們的市占率會提高，這能讓它們站上更有利的位置，要求醫療保險公司為醫療支付更高的理賠價格，但這些價格的提高並非由保險公司承擔，而是轉嫁到消費者身上，消費者購買的保單變得更貴了。因此，一些經濟學家認為，合併推高醫療保健成本，將使得消費者的財務壓力增加。」[4]

醫療保健業規模化的另一個問題是，這個產業雖然可以透過興建更大的設施和醫療程序標準化來擴增規模，但無法以相同的方式擴增醫生。隨著人口成長和高齡化，繼續以過去數十年模式運作的醫療保健業，將會需要愈來愈多的醫生，但這樣的方法並無法永續。世界衛生組織的一份研究報告預估，到了2035年，全球將短缺1,290萬名醫療保健業工作者。若我們繼續聚焦於以大眾市場模式治療病患，醫生的短缺將意味著愈來愈多人必須排隊等候，或是轉往他地尋求治療。

規模化的藥物研發，為我們帶來了贊安諾（Xanax）、立普妥（Lipitor）、威而鋼等的靈丹妙藥，但是這種模式變得愈來愈困難，藥品研發已經呈現「倒摩爾定律」（Eroom's Law）。摩爾定律是指：電腦運算能力不斷地變得更便宜、更好，但藥品卻是持續地變得更貴、成效降低。根據塔夫茨大學藥物研發研究中心（Tufts Center for the Study of Drug Development），現在研發一種新藥物，平均得花上26億美元。

儘管製藥業的實驗室，使用新技術來幫助研發，但從1950年到2010年，這個產業的研發成本已經增加了一百倍。製藥公司如今面臨了「贏過披頭四」（better than the Beatles）的難題：由於能夠以藥物治療的人類疾病，大多都已經有療藥了，因此任何新藥必須遠遠優於舊藥，才能獲致大眾市場成功，產生正投資報酬。這導致新藥的研發，變得更困難、更昂貴，往往只有巨大的製藥公司，才能夠花那麼多錢去研發一種藥物，而且必須要有大眾市場的需求量，這種巨額研發投資才划算。

去規模化以及把人工智慧應用於巨量的醫療資料，提供了一條解決之道，可望減輕對大醫院和更多醫生的需求，扭轉醫療保健成本失控的趨勢。

去規模化醫療體驗實例

利萬客的執行長圖爾曼，對醫療保健業的去規模化轉變有精闢描述，他從親身體驗看出這種轉變正在發生。他說：「醫療曾經是最在地的事情，人們在家中做這件事，但後來專門知識與技術愈來愈多，人人都去『麥加』朝聖——大醫院。」[5]可是，大醫院本身也發生了問題，圖爾曼說：「所有病患集中一地，就有二次感染的潛在問題。而且，上大醫院看病可不容易，不方便。所以，現在開始有人說：『若我們反其道而行呢？若我們可以隨需看醫生，而不再是排隊等候看醫生呢？』起初，我們以為只有富人能夠享有這樣的服務，其實不然，好比Uber。

若我幾年前告訴你：『我想要的是，任何時候我需要一輛車，就有一輛車來到我家門口等我，把我載到我想去的地方。』你大概會說：『喔！所以，你想要一個私人司機、一輛豪華禮車，你瘋了吧？你哪負擔得起這些啊？』但現在，人人都能獲得這樣的服務。」

所以，為何不相信人人都能獲得一位隨需型醫生呢？Uber把運輸去規模化而變成隨需型運輸，為何醫療保健業不能也這樣去規模化？

圖爾曼談到他的去規模化醫療體驗。他的兒子山姆是美式足球球員，連續兩年手腕骨折，兩次骨折分別發生於左右手，但骨折情況相同。第一次骨折時，圖爾曼帶他去一家大醫院，花了一整天的時間等候、治療，總共花了5,000美元；整體而言，「是個糟糕的體驗，」他說。

翌年，山姆的另一隻手腕骨折，此時，上一年為他處理的那位外科醫生，已經在鎮上開了一家小型專門外科中心。圖爾曼開車帶山姆前往，車子停在中心門前，一個半小時就完成治療，費用只有去年的一半，因為這位醫生現在的間接成本和其他成本相對較低。這位外科醫生設立的這家中心，可以專注優化他提供的醫療服務，圖爾曼說：「他現在一天能做的事增加了，因為不必再被醫院的種種雜務纏身，可以接受更多病患預約。此外，建物裡的病患減少，二次感染的可能性降低。每一個層面都變得更簡單，病患更滿意。」

再舉另一個例子：位於紐約市東邊長島的醫療照護服務組織北安健康（Northwell Health），針對老年人推出了一項名為「到府出診」（House Calls）的服務。多年來，老年醫學專家一直提出警告，住院可能導致老年病患病情惡化，但是當老人跌倒或胸痛時，救護車通常把病患送到醫院。北安健康的這項到府出診服務，致力於盡可能讓老年病患免上醫院，醫務輔助人員搭乘運動休旅車到府服務，車上有醫療器材把關於病患的資訊回傳給值班醫生。到府出診服務的內科醫生凱倫・阿布拉希金（Karen Abrashkin）告訴《紐約時報》：「在急診室做的很多處理，其實都可以在病患家中安全、有效處理。」對抵抗力較弱、有很多健康問題的年長者來說，「醫院並非總是最安全、最理想的地方，」阿布拉希金表示。[6]

根據《時代》（*Times*）雜誌報導，北安健康的社區醫務輔助人員方案，在《美國老年病學會期刊》（*Journal of the American Geriatrics Society*）上發表了檢視十六個月期間到府處理1,602位老年病患的結果（年齡中位數83歲）：當病患求助時，最常見的是呼吸急促、神經與精神方面的痛苦，或是心臟和血壓問題、虛弱，到府服務的社區醫務輔助人員，能夠在府評估、處理78%的病患。靠著可攜式裝置、行動通訊，以及可以回傳醫院進行立即分析的資料，北安健康讓一部分的病患免上醫院，而且獲得更好的服務，這正是去規模化的本質。同樣地，去規模化愈來愈支持針對特定需求的較小型、更專門性醫療業務，例如手腕骨折、老年人醫療等，提供更好、成本更低的服務，而且仍能獲利。

不同於規模化的大眾市場模式，以相同的治療方式診治所有的糖尿病患者，去規模化、資料導向的醫療制度，將以量身打造的個人化方式，診治每一個個別的糖尿病患者。現在，醫生開給你其他數千萬人也在服用的某種藥丸，期望這種藥丸對你也有成效；未來，醫生將根據你的基因結構來開藥，在你服用前，醫生就知道這些藥物將對你有效，而且不會帶來可怕的副作用。現在，你生病了，然後去看醫生；未來，你的雲端醫生將持續關注你的健康，當你的健康型態有所改變、顯示健康可能有問題時，馬上就能夠得知，並且通知你採取行動，或是在病發前就先去看醫生。

在去規模化醫療保健的世界，最佳商機在於保持人們健康，使他們免於看醫生或上醫院，從而降低他們的醫療支出。

基因組研究和資料將浥注巨大助力

醫療保健業去規模化的背後驅動力，是現在源源不絕生成的有關我們健康狀態的資料，以及幫助分析這些資料，以從中辨察重要資訊的人工智慧軟體。基因組研究將為醫療保健業浥注巨大助力，其益處是我們目前難以想像的。一個類似的情形，出現在資訊剛開始數位化的1970年代，當時人們也難以想像今天的資料庫、數位媒體和資料分析。

我們目前處於基因組研究的非常早期階段，根據瑞銀證券（UBS Securities），已經排序基因組的人口還不到0.01%。現在，取得基因資訊的成本，正以超過摩爾定律的速度降低；以往，這種研究計畫所需的資金，只有政府能夠負擔得起。如今，顏色基因組公司提供249美元即可做的基因檢測服務，不難看出，成本將會持續降低，直到如同例行血液檢測那般便宜。由麻省理工學院和哈佛大學共同支持的基因組研究中心布洛德研究所（Broad Institute）預測，在基因組排序的發展熱潮下，到了2025年，每年將可蒐集到一個皆位元組（zettabyte, ZB）的資料，而一個皆位元組相當於2016年全球網際網路的全部流量。

伴隨基因檢測價格的下滑，將有愈來愈多人基於不同理由，把DNA送去實驗室進行基因檢測。舉例來說，直接對消費者銷售服務的基因科技公司23andMe，提供的基因檢測包括血統和個人特質（例如禿頭傾向），以及你是否帶有囊腫性纖維化之類的基因。Ancestry.com讓消費者郵寄唾液樣本，該公司進行檢測後，將寄給你一份有關你的族譜的報告。Ancestry.com聲稱，它目前擁有全球最大的消費者DNA資料庫，有來自超過400萬人的樣本。這些消費者行動，並非只是為了趣味，愈多人檢測基因（不論是基於什麼理由），基因組研究蒐集到的資料愈多，意味著我們將獲得更多學習，使基因檢測更有價值，幫助推動我們邁向人人都能從DNA排序受益的時代。

從基因檢測獲得的資料，將是醫療個人化的關鍵之鑰。美國醫學會（American Medical Association）會長安德魯．葛曼（Andrew Gurman）解釋：「我們可以使用基因檢測領域的創新，對個別病患做出更精準的預測、診斷和治療，不再勉強接受一體適用的方法。」[7]研究人員可以使用基因組研究，來瞄準、治療罕見遺傳性疾病，根據美國疾病管制與預防中心的統計，美國約有2,500萬人受到這類疾病的影響。這類資訊將引領出醫療保健領域的許多創新，例如個人化的癌症疫苗。在本書撰寫之際，康乃狄克大學免疫學系代理系主任普拉莫．斯里瓦斯塔瓦（Pramod Srivastava），正在徵求病患試驗世上第一種遺傳性卵巢癌疫苗。他說：「以往的個人化癌症疫苗，是基於信念研發出來的。現在，基因組研究使我們可以確實知道，適用於每位病患的疫苗是獨特的。這在癌症免疫學和免疫治療領域來說，是一項重大的轉變。」[8]

基因組資料揭露了有關人體的資訊，但也僅限於你的細胞內的資訊。在這個醫學的新紀元，醫生將能夠參照DNA資料，以及其他許多影響健康因素的大量資料，例如你的生命徵象、你從事的活動、你的飲食、你去過的地方等，這些將是物聯網的連網裝置蒐集到的資料。

現在有一些公司，把物聯網引進醫療保健領域，利萬客就是其中之一。該公司的連網裝置，能夠讀取糖尿病患者的血糖值，再把相關資訊傳回一套人工智慧型系統中。未來，將有愈來愈多的連網裝置，能夠蒐集任何我們想像得到的資料，包括心率、血壓、體溫、睡眠時數等，回傳人工智慧系統進行分析。未來之路醫療控股公司（Future Path Medical Holding Company）推出一種名為UroSense的裝置，可以監測插入導尿管的病患的尿液，蒐集到的資料可以幫助預測腎臟問題和前列腺腫瘤。未來，醫生將對病患開立一些裝置，想要保持健康、讓身體機能運作得更好的消費者，也會自行購買一些裝置。市場研調機構Research Beam預測，到了2021年，物聯網醫療保健市場，將達1,360億美元的規模，遠大於2014年的600億美元。

另一方面，手機知道我們身處何處、去過哪裡，藉由參照一病患去過的感染地區，可能幫助診斷出該地區常見的疾病或流行性感冒。我們在線上訂購食物和雜貨時——關於我們吃了什麼東西的資料，這與健康有很大的關係，這些資料可以和其他醫療相關資料合併起來，幫助診斷。我們在線上的活動，也可以追蹤工作和運動的型態，這些資料也揭露了我們的健康狀態。這類健康資料可以連結到某款個人保健app，再與其他app和裝置連動。

瑞銀證券一份有關新健康科技的研究報告指出：「臉書有大量寶貴的個人資料，這些寶貴的資料有絕大部分來自你允許手機的app與你的臉書帳號連動。你可以使用你的臉書帳號，登入許多iPhone應用程式，這提高了臉書資料的價值。我們可以想像類似的情形，發生於一家消費者基因組研究公司，該公司可以藉由成為個人健康資料中樞，來提高價值，例如把資料餵給Apple Health之類的工具，或是連結至Fitbit之類的生活型態工具。」[9]

在這些新資料之外，我們將增添另一種重要的資訊流：我們的個人健康紀錄。歷經多年討論，電子健康紀錄終於開始起飛。根據《貝克醫院評論》（*Becker's Hospital Review*），2009年，只有16%的美國醫院使用電子健康紀錄；到了2013年，已經提高到80%。當我們的健康紀錄數位化、能夠加以搜尋時，病患可以存取這些資料，對自身健康有更良好的控管。來自物聯網裝置、基因檢測，以及醫生診療筆記的資料，可以全部匯總起來，得出有關每個人的身體與健康的深入知識，使得醫療保健業有能力把每個病患當成一人市場，而非把每個病患當成大眾市場的其中一人。

人工智慧在其中扮演了重要的角色。人工智慧能夠自主學習，人工智慧系統可以吸收有關你的資料，認識你，辨識你的健康型態。伴隨更多資訊進來，例如監測你的心率或血糖的物聯網裝置蒐集到的資料，人工智慧能夠辨察一些細微的改變，判斷你是否可能生病了。人工智慧系統將及早發現疾病，此時疾病更易治療。

未來，若你的健康發生問題，你可能不會選擇去提供廣泛型醫療服務的醫院，因為你可能已經知道是什麼樣的問題，或許會找小型專業機構治療。全包式醫院的大眾市場需求，將被以個人需求為考量的醫療保健取代，你可能會找上街角那間只處理特定病症的診所。

雲端醫生和醫療機器人

自從醫生不再到府看診後，到有螢光燈叫號、滿室都是病患的診間候診，成為一種常見的醫療體驗。不過，變化跡象已然出現，由亞馬遜網路服務前任高階主管雷・布萊福特（Ray Bradford）創立的雲杉健康（Spruce Health），開發了一款應用程式，讓你可以在智慧型手機上「看」醫生。該公司從皮膚科做起，用戶下載app之後，它會提供症狀選擇：痤瘡／青春痘類、溼疹類、蟲咬類等，根據你選擇的症狀，提出一連串的診斷問題，例如：「你的膚質為何？一般？油性？乾性？」然後，它會教你如何把症狀部位拍照上傳，最後你可以挑選一位和雲杉健康合作遠距問診的醫生，或是選擇「第一位現在可以問診的醫生」，把你提供的資訊和照片傳送給這位醫生，承諾你在二十四小時內獲得醫生的回覆，接著把處方箋傳送到你附近的藥局，指示你如何照料這些部位。費用是40美元，不會比你去看專科醫師時支付的部分負擔金額高多少；這意味的是，縱使你的醫療保險不給付，使用雲杉健康的服務，你也負擔得起。

雲杉健康是新興手機型醫療（handheld medicine）領域的新創公司，你甚至不能再稱它為「遠距醫療」（telemedicine），因為遠距醫療已經存在好一段時間了，通常指的是使用Skype之類的即時視訊互動醫療，而新型遠距醫療的特色是運用智慧型手機、機動性和雲端人工智慧。手機型醫療公司如隨需醫生（Doctor on Demand）和保健一點通（HealthTap），全都自稱為「醫生界的Uber」（Uber of doctors），已經分別獲得超過2,000萬美元的融資。其他的app可以測量血壓和心電圖，傳送給心臟科醫生；視力檢查app的精準度，不亞於眼科醫生推到你面前的那些蒸汽龐克式的機器，大概過不了多久，華比帕克就能在你的手機上，為你進行配鏡的視力檢查了。

伴隨醫生愈來愈加與資料和人工智慧攜手合作，將能比現在遠遠更快、更正確地診斷病患，這有可能大大降低醫療保健成本，並使人們更健康。IBM華生已經在克里夫蘭醫學中心（Cleveland Clinic）及其他一些衛生機構進行測試，展示如何與醫生一起工作，向病患提問，以幫助得出正確診斷。華生被餵入數以幾百萬字計算的醫學文獻和個案研究，比任何一位醫生閱讀過的東西還要多。（醫學資訊每五年增加一倍，81%的醫生表示，他們每個月花在閱讀醫學期刊的時間為五個半小時或更少，只能閱讀最近醫學文獻的一小比例。）面對狀況不尋常的病患時，醫生和華生能夠即時與資料互動，把可能的診斷結論縮小。這不僅能幫助病患獲得更好的治療，也幫助醫生更快做出診斷，花較少時間於研究上。克里夫蘭醫學中心的副資訊長威廉・摩里斯（William Morris）表示：「我們覺得它有很強的潛力，可以幫助解決醫生過勞的問題，以及認真埋在一堆資料中、卻未能從中合成知識的挑戰。」[10]

假以時日，華生之類的人工智慧系統將能了解病患，並且持續閱讀、學習更多醫學，為諮詢它的醫生提供愈來愈好的解答。現代醫院營運者將負責學習如何讓資料流經醫院門廊、科室和手術室，以及如何利用這些資料改善醫療服務。

顏色基因組的共同創辦人樂拉奇說：「我是學電腦科

學的，我覺得現在醫生的運作方式就像專家系統軟體，仰賴夠簡單、能裝進一般聰明人腦袋裡的決策樹。我們透過醫學院的訓練，把這種決策樹載入他們的腦袋中，但後來，它的決策以有限的輸入資訊和複雜性為根據。」[11]現在，和人工智慧攜手合作的醫生，將能取用一個人的腦袋永遠不可能裝得下的資料和醫學知識量。樂拉奇說：「醫生變得不那麼像使用罕見超能力的人，更像資料從業人員。」

資料和人工智慧結合起來，能夠幫助機器人學習把工作做得更好。在醫療保健業，機器人已經在幫助執行眼睛手術之類極精細的醫療程序；無疑地，機器人終將在某些手術上做得比人類更好，它們比人類更精準，而且從來不休假。未來，醫生不會被摒除於手術室外，而是將和機器人通力合作，有時是採取遠距合作的方式。若機器人能夠被編程去模仿最優秀的外科醫生，那麼基本上，許多小診所都可以雇用到最優秀的外科醫生，而非只有少數大型醫院才有。

現在，已經有超過兩百家公司，活躍於醫療保健業機器人市場的各種領域，為廣泛應用開發出高度專業化的器材。例如，2000年獲得美國食品藥品監督管理局（Food and Drug Administration, FDA）核准協助外科醫師執行微創手術的達文西手術系統（da Vinci Surgical Systems），機器人精準到能夠為一粒葡萄完整剝皮。不過，這類機器人有些需要花時間改善，也需要歷經時日，才能夠被廣為接受。例如，壯生公司研發出來的機器人西達系統（Sedasys），是短程手術自動輸送與監控麻醉藥物的系統，不需要麻醉科醫師在場，美國食品藥品監督管理局在經過仔細的安全測試之後，於2013年核准使用。西達系統大幅降低麻醉成本，用它來執行麻醉，費用大約200美元，而使用麻醉科醫師的成本是2,000美元。但是，你大概也料想得到，麻醉科醫師抱怨得很凶，結果醫院停止購買這種機器人，壯生公司被迫於2016年停產這套系統。[12]

精準醫療，以及保險業可能受到的影響

大多數大眾市場製藥公司是非精準醫療的縮影，根據《自然》（*Nature*）期刊，美國銷售前十大的藥品，對服用者有效的比率僅為4%到25%；有些藥品，例如常用於降低膽固醇的他汀類藥物（statins），對服用者有效的比率甚至可能低至2%。[13]

想想看，為獲得美國食品藥品監督管理局核准一種新藥，製藥公司必須證明這種新藥安全，而且對多數人有成效。但是，你不是多數人，你就是你。比方說，一種癌症藥物能夠拯救半數人口的性命，但導致其餘半數人口的病情變得更糟，那麼這種藥物不會被核准。但是，若資料加上人工智慧（亦即精準醫療），能夠在你使用這種藥物之前，

就根據你的基因結構，確知這種藥物可以拯救你的性命，那麼有關藥物的發現與核准的整個概念，將會徹底改變。

凱文·凱利（Kevin Kelly）在其著作《必然：掌握形塑未來30年的12科技大趨力》（*The Inevitable: Understanding the 12 Technological Forces That Will Shape Our Future*）中寫道：「樣本數為1的實驗（只施用於一人的藥物試驗），似乎不是很令人信服，但其實對你極其穩當。從許多方面來說，這是理想的實驗，因為這是一次一個點地針對你這個特定對象的身心試驗X變數。誰在乎這項治療對其他人有沒有效？你想知道的是：這個藥物對我有什麼影響？樣本數只有1，提供雷射般精準的結果。」[14]你可以想像得到，這種樣本為1的方法，將使美國食品藥品監督管理局非常不悅，畢竟設立這個機構的目的，就是要為大眾進行藥物檢驗，如今它的整個流程將可能需要大改。

儘管如此，若研究人員能夠做到像這樣的境界：在病患還未使用一種藥物之前，資料就能夠告訴我們，使用這種藥物對病患的效果，那麼就會有更多藥物能夠獲得核准，從而降低藥物的研發成本。新藥將不再背負如此高的測試檢驗成本，而研發成本降低，縱使只有小型的潛力市場，也仍然有利可圖。小型創業製藥商，將可開始為利基市場快速研發新藥，成功與製藥龍頭競爭。醫療保健業的最終期望是，資料加上人工智慧，能夠促成對任一病患的藥物客製化，基因資料將幫助醫生找出對特定病患有效的化合物，然後製藥公司將可製造僅供此一病患使用的藥物，而不是製造、銷售大批量的藥物。

源源不絕生成的基因和健康資料，也將對保險業產生巨大的影響。從某種意義上來說，美國政壇對於全民健康照護這個議題的辯論，其實是錯誤的辯論，政策制定者應該致力於推行一人市場保險，亦即只針對你一個人的保險。你大概已經知道，這可能變得相當棘手。幫助醫生預測你何時會生病的那些資料，也能幫助保險公司預測你的未來健康，現今的保險制度可行，是因為來自較富裕者的保費，可以補貼給付病患的高昂費用，若保險公司能夠正確預測將需要花多少錢來給付照顧你，就可以根據這個金額來向你索取保費。這意味的是，那些妥善照顧自己健康、沒有疾病基因傾向的人，應該支付很低的保費，而那些吸菸者、不運動者或基因預測將來健康可能會有問題的人，則是必須支付較高的保費。這可能令人覺得非常不公平，有些人支付的醫療保費遠高於其他人，政策制定者應該辯論如何處理這類問題。

不過，還有另一種變化，也應該將會發生在保險業：個人化、預防性、去規模化的醫療，將使更多人以較低成本維持更佳的健康狀態，因為這種醫療能夠在很早期、治療起來更容易且更便宜時，就診斷出癌症或心臟病之類的問題。你讓保險公司取得更多有關你的健康的資料，你的保費就應該變得更便宜，因為有了更多資料，醫療專業人員將更可能及早防止疾病發生。固然這麼做，涉及了重大的隱私風險，但我們每個人都必須在隱私風險和我們想為醫療保健和風險支付多少錢這兩者之間做出權衡。不想交出自身資料的人，將支付更高的金額，甚至比那些開放自身資料的病患支付更多，這是我們每個人將必須做出的權衡取捨。

醫療保健業的新商機

醫療保健業正從類比世界進入數位化，雖然這種轉變遠遠更加複雜，但並非那麼不同於其他領域的轉變，例如音樂從類比（黑膠唱片、錄音帶等）轉變為數位形式（CD、下載，以及現在的串流。）長久以來，以醫生、放射學家和其他專家腦袋裡的知識為核心的醫療業，現在正轉變成資料科學問題。醫療保健的焦點，從疾病狀況發生後的處理，轉向維護人們的健康和預防疾病發生。醫療保健業正在去規模化，從針對大眾市場的規模化方法，轉變為針對一人市場的去規模化方法，這開啟了以科技改造根深蒂固實務的巨大機會。

2000年代中期，我在考慮投資標的時，鮮少考慮醫療保健業的新創公司。現在，這是我們創投公司最感興趣的投資領域之一，而且我們看到持續有創新企業，在市場上推出新的醫療保健產品。下列是我看到的一些未來新商機。

個人化健康科技 為幫助糖尿病患者管理疾病，利萬客打造一款使用起來易如智慧型手機的無線裝置，這項裝置透過雲端，連結到利萬客的軟體，必要時連通人為服務。光是在美國，這項裝置的潛力市場，就有3,000萬名糖尿病患者，更別提全球高達數億的糖尿病患者了，而且這還只是針對一種疾病而已。

無疑地，我們將看到種種連網醫療裝置和服務問世，幫助人們更了解自身的健康狀況，或是應付從高血壓到癌症等的種種健康問題。美國研調公司CB洞察，追蹤創投業投資的科技公司，在2016年9月發布的一份研究報告中，介紹了72家研發連網醫療裝置的新創公司。[15]我在這裡舉幾個例子，讓你一窺這些器材研發公司涉獵的領域有多廣。OrthoSensor公司推出的一款器材，可以讓膝關節置換手術醫生知道新膝蓋是否能夠正確運作。Vital Connect公司推出的感測器HealthPatch，看起來就像一大片OK繃，可以讀取心率、呼吸頻率、皮膚溫度、身體姿勢等，再把這些資料傳送給醫生或醫院。德國公司VivoSensMedical推出的OvulaRing，可以插入女性的陰道中，由此感測傳輸的資訊，可讓用戶知道她何時最可能懷孕。

連網醫療裝置的另一種變化版本是連網藥物，旨在幫助病患正確使用藥物——醫療保健業相信，約有半數的投藥，並未按照處方施行。在整個人類史上，藥丸都是愚笨的——它們對你一無所知，你也不知道它們是否被正確使用。但在未來，你拿著處方箋去取藥時，將會獲得藥品外加資料分析軟體，這些軟體可以分析從你的手機、監測腕帶、連網浴室磅秤等裝置蒐集到的生物資料，以確知這些藥品是否對你有效，以及你的醫生是否需要調整用藥。相關資料將被傳輸到app，旨在鼓勵你積極參與你的治療，因為如果你看到治療有所進展，將更可能持續用藥。各大製藥公司已經開始思考藥物的數位化，例如默沙東藥廠（Merck）在幾年前，成立了一個名為Vree Health的事業單位，探索科技賦能的醫療保健服務。

進一步把所有相關的感測科技匯集起來，就有可能創造出虛擬醫院，醫生將不必在大規模醫院建物裡作業，也能夠監視在任何地方（住家、小診所等）的病患。醫院將在雲端，透過網路和軟體，把感測器、醫生和病患管理匯整起來。

個人健康資料　雖然醫療保健業已經在病患健康紀錄數位化方面有所進展，但這一直是個緩慢、笨拙的過程，這些紀錄並未標準化，而且往往不易和病患、醫生或醫學研究人員分享，更難在各種技術系統之間分享。伴隨資料成為優良醫療保健的更重要成分，病患也可能想要對自身的健康資訊擁有更多的存取和控管能力，這是新創公司有機可乘的領域。

我們的創投公司，已經投資這個領域的一家新創事業，名為PatientBank。該公司共同創辦人保羅・弗雷徹希爾（Paul Fletcher-Hill）說，他和其他創辦人決定使用自身資訊打造一款醫療紀錄app，遂創立了這間公司：「我們原本以為很容易取得我們的醫療資料，但很快就發現，根本就不容易。為了取得醫療紀錄，我們必須向所有就診過的醫院提出正式申請，最後我們收到了一大堆文件。這使我們決心發展出一種更好的方法。」[16]現在，這間公司的app為個人和企業蒐集醫療紀錄，使用PatientBank的app，你不再需要傳真文件，或是親自到醫院提出申請，以取得你的醫療紀錄，可以在線上提出申請，大約十天就能收到，比一般申請作業所需耗費的時間快上三倍。

我們必須發展我所謂的「個人健康雲」（personal health cloud）——你所有的健康和醫療資料都集中在這裡，讓人或軟體在獲得允許的情況下，很容易存取這些資料。現在已經有很多公司在開發這個領域，包括位於西雅圖的KenSci，以及位於舊金山的iCare，我也在幫助另一家進軍此領域的新創公司。這個產業需要一個開放平台，讓創新者和創業家能夠在平台上打造各式的app和服務，就像他們在蘋果的App Store開發各式的app和服務一樣。

醫療人工智慧 人工智慧將是善用源源不絕龐大醫療資料的一股主要力量，它是開發、提供利基型服務的關鍵。舉例來說，人工智慧驅動利萬客的後台作業，它學習從每個用戶端讀取到的資料，辨識糖尿病患者不尋常的血糖升降。人工智慧也被大規模部署，幫助醫生和醫院追蹤、了解病患的狀況。

IBM對醫療人工智慧投下大賭注，「我相信，華生之類的人工智慧系統，很快就會成為全世界最優秀的診斷專家，」新創公司思康納杜（Scanadu）的醫學長艾倫．葛林（Alan Greene）如此肯定。受到《星鑑迷航記》（*Star Trek*）醫用三度儀系統的靈感啟發，思康納杜正在打造由醫療人工智慧驅動的診斷器材。葛林說：「以人工智慧技術的精進速度來看，現在出生的小孩，在長大成人以後，將鮮少需要去看醫生以獲得診斷。」[17]

其他公司則是探索更具專門性的人工智慧醫療應用。一群史丹佛大學的電腦科學家，在著名的人工智慧與機器人先驅塞巴斯蒂安．特龍（Sebastian Thrun）的幫助下，發展出能夠診斷皮膚癌的人工智慧軟體，診斷功力不亞於皮膚科醫生。這支研究團隊讓他們發展出來的人工智慧軟體，去跑一個有近13萬張皮膚病影像的資料庫，訓練這個軟體以視覺診斷潛在的皮膚癌。特龍說：「我們發現，它不僅能夠做得很好，而且是做得跟皮膚科醫生一樣好，這改變了我們的想法。我們現在認為，這可不只是一項學生的課堂計畫而已，而是對人類非常有益的重大機會。」[18]

人工智慧將滲透醫療保健的每個領域，幫助解讀X光片、磁振造影（MRI），以及其他檢驗的結果，往往能夠看出人類未能看出的型態。人工智慧將幫助製藥公司，學習哪種化合物對哪種基因結構可以發揮最大作用，並且幫助司掌醫療保健的官員，辨察有關消費者行為的重大趨勢，以及早辨識、遏制疾病的爆發。現在，不採用人工智慧的醫療保健領域新創公司來找我們談創投，我大概不會感興趣。

行醫的新模式　有些聰穎的醫生已經覺察到，醫療產業將會發生多大的改變。總部位於賓州丹維爾鎮（Danville）的蓋辛格健康照護系統（Geisinger Health System），執行長大衛・芬柏格（David Feinberg）如此向《貝克醫院評論》表示：「我希望消除候診室，以及候診室象徵的一切。」本身也是醫生的芬柏格說：「候診室意味的是以醫生為中心，醫生是最重要的人物，大家都要配合他／她的時間。我們為醫生建立『存貨』，亦即在候診室等候的病患。現在，我們必須增加管道和可得性，向人們展示，能夠照護他們，是我們醫護人員的榮幸。換言之，我們應該告訴病患：『是我們，在等候你們。』」[19]

當資料和應用程式，能夠為各種專科醫生做許多診斷和預防性工作時，醫生將必須變得更聚焦於個別病患的服務。年度健檢的概念，也將會大幅改變。我們的基因組都將被排序，這些資料將和我們所有的醫療紀錄，以及有關我們的健康與生活型態的其他資料一起放在雲端，健檢將會變得更像車輛檢查和保養——連結電腦、分析數據，得出有關你的健康狀態的報告，而且做得比現在任何醫生在實體辦公室做的還要好。

這一切開啟了新商機——以資料和病患為中心的新型態診所和醫師團隊，擺脫目前與大醫院和大型大眾市場保健集團綑綁在一起的醫療保健模式。

醫療保險 醫療保健業是商業領域比較特別的一個業別，大概只有這個產業，保險實際隸屬於生態系統的一部分。隨著醫療保健業的改變，變成更加資料導向、以病患為中心、大醫院去規模化等，保險也必然會改變。一旦存在雲端的電子健康紀錄，能夠隨時讀取關於我們的所有健康資料，同時讓我們得以掌控將和保險業者分享哪些資料，那麼最大的商機也將應運而生。新型態的保險業者將使用相關資料，提供專門為你及你的潛在風險量身打造的醫療保險，不再把你和大致上跟你類似的人綑綁在一起，提供一體適用的保險方案。保險業者可以提供一種交易：你允許他們讀取的個人資料愈多，他們就應該提供更好的財務誘因，讓你常保健康（有資料為證）。這麼一來，個人將以行動為保險成本肩負起更多的責任。

基因組研究 我們正處於瑞銀證券所說的「基因組研究大爆炸」（the genomics big bang）的開端，這個領域即將呈現爆炸性的發展。排序基因組的成本，降低速度快於摩爾定律的曲線，雖然截至目前為止，只有0.01％人口完成基因組排序。但一如行動電話在2000年代初期起飛，顏色基因組、Ancestry.com、23andMe之類直接向消費者銷售基因組排序服務的公司，可望驅動這個領域的起飛。基因資料將成為醫療保健業去規模化的最重要助力。

基因組研究領域的新創公司，將為癌症和阿茲海默症等疾病，以及禿頭、肥胖之類體質傾向提供基因篩檢服務；同時，也會提供基因適配服務，以研判可能對你更有效的藥物，並且提供基因資料分析服務，做為你此生的醫療指引。

再過十年，科學可能會揭開全新層次的基因組研究：基因編輯（gene editing）。名為「CRISPR-Cas9」的突破性方法，在2013年引起大眾注意，當時研究人員首度使用這個方法精準切割人體細胞的基因組。這立刻引發了爭議，因為這個方法可以編輯遺傳給下一代的生殖腺細胞（germline cells）；這麼一來，就有可能編輯基因，創造出更聰明、更強壯、更迷人的人類，並且讓這種人一代代地繁殖，而這可能形成人類的重大區分：完美人類和其餘眾生。基於這個理由，一些國家已經立法明訂，編輯生殖腺細胞是非法的，在其他國家，這項技術引起熱烈辯論。

不過，CRISPR-Cas9也可以被用來編輯體細胞（somatic cells），體細胞不會遺傳給下一代，但可能是一些基因性疾病或缺陷的成因，許多公司和實驗室競相追求發展出安全、有效的體細胞編輯方法。2016年年末，中國科學家首度把使用CRISPR-Cas9技術編輯過的細胞，植入一名末期肺癌病患的體內，這項試驗驅動了基因編輯科學研究的速度，賓州大學免疫治療專家卡爾·瓊恩（Carl June）這樣告訴《自然》期刊：「我認為，這將引發『史普尼克2.0』（Sputnik 2.0）——中國與美國之間的生技戰。這是重要的競賽，因為這種競爭，通常會改進最終產品。」[20]

科學家還需要歷經多年，才能夠安全、有效地把基因編輯技術普遍應用於醫療。一旦這天到來，我將尋找下一個基因編輯領域的重大商機。

5

教育業：
教育個人化，利用多元管道終生學習

有時，一個產業的優異創新或變革來自產業門外漢。創立亞馬遜網站的貝佐斯，原本並非從事零售業；線上支付服務公司Stripe的兄弟檔約翰和派屈克．柯里森，原本並非從事金融業；山姆．喬哈利（Sam Chaudhary）也不是教育家，但他打造了一款app——「課堂道場」（ClassDojo），嘗試改造課堂管理。

喬哈利生長於威爾斯的一個濱海小村，小學時，舉家遷居阿布達比，他在那裡上的國際學校，經常要求表現較佳的學生（喬哈利一直是其中之一）協助老師教導其他同學。喬哈利說：「我12歲到18歲那段時期，每週大約做20小時的教學工作。」[1]如今回顧，他認為那段經驗使他想在教育領域做點事。

不過，有段期間，喬哈利並非朝向教育業發展。他在就讀劍橋大學時，想成為經濟學家，打算取得博士學位。大銀行想要招募他，但他對金融業並不感興趣。他曾在一所中學短暫任教過，想招募他的麥肯錫管理顧問公司（McKinsey & Company），聽聞了他的教學經驗，說服他進入公司，做教育領域的計畫。喬哈利做了幾年，然後，他遇到了連恩・唐（Liam Don）。

唐出生於德國，成長於倫敦，擁有電腦科學學位，是個遊戲開發師。喬哈利說：「我們倆處得很來，覺得應該合作。我們想一起搞個教育的東西。」他們只知道，很酷的電玩技術，或許能夠幫助孩子們在課堂上學習。在沒有明確的點子下，他們遷居舊金山灣區，應徵一家小型科技公司的工作。喬哈利說：「我們之前都不曾在美國生活或工作過，沒有在這裡就學的經驗，所以很自然就去找學校老師談談。」他們就這樣不請自來，接洽了數千名教師，並且和數百名教師相談，試著了解教師們在課堂上面對的挑戰，尋求應用新技術來幫助他們克服這些挑戰。

喬哈利和唐傾聽老師們的挫折，經常聽到的是，他們必須花太多時間管理學生們在教室裡的行為，因此能夠幫助孩子們學習、進步的所剩時間很少。這使得喬哈利和唐開始了解，何以大家普遍認同必須改變教育，但實際上發生的改變甚少。過去約一百五十年間，社會致力於擴大學校規模，師法工廠與公司的模式。在一世紀前，工業時代取代農業，成為進步與繁榮的基礎後，這種學校教育模式是正解；教育應該培育學生，讓他們為即將步入的世界做好準備。

工廠模式的學校——標準化的做事方式，用鐘聲通知每一節課的開始與結束，學生（如同勞工）和教師（如同經理人）之間有明確的階級劃分，這些全都幫助學生為未來的工作世界做好準備。但步入二十一世紀後，工業時代漸漸走入歷史，數位時代崛起，「但教師仍然被期望以五十年或一百年前的模式運作，」喬哈利說。教育改革者採行了錯誤的改革方式，由上而下進行改革，猶如重新設計一座工廠。喬哈利的觀點是：「教育不是一種機械系統，它是一種人的系統，必須由下而上地改變。」他認為，真正的改變必須始於教師、學生和家長，一次一間課堂。

喬哈利和唐對教師進行的訪談，再加上對學校教育史的思考，使他們看出一個他們相信能夠解決的核心問題：教師需要方法來改善學生行為，以創造出更像一支高效能團隊的課堂文化；實際上，應該說是創建一家新創公司，或是通力合作於一項計畫的團隊，這將更吻合現今世界的職場需求。這項洞見引領喬哈利和唐，共同開發出一款課堂溝通與管理的應用程式——教師使用這個app對學生提供反饋，讓家長也參與其中，張貼孩子在校活動的照片和影片，並且建立一個數位社群，以補充真實世界課堂的不足。

這款名為「課堂道場」的應用程式，讓個別教師可以創建一個包含教師、學生、家長或主要照顧者的迷你社群網絡。教師可以透過app張貼影片或通告，對個別家長更新孩子的學業狀況和行為表現，取得家長的反饋，為整個班級創造出一個持續溝通的反饋迴路。資訊變得更靈通，家長往往就會更加參與孩子的學校教育。這對學生有幫助，提高孩子確實做好家庭作業，而且在課堂上表現得宜的可能性。這麼一來，教師花在監督管理的時間便能減少，將有更多時間投入於教學。

麻州丹佛斯鎮（Danvers）高地小學（Highlands Elementary School）四年級學生摩根·寇斯塔（Morgan Costa）說：「基本上，它是一款可以讓你因為良好行為而獲得獎勵的應用程式。它真的很有趣，因為在一週結束時，獲得最高分的人，將成為老師的助理。良好的期許，對我們是一種獎勵。還有，爸爸媽媽都能夠登入這款應用程式，看到我們的學習情形。」[2]

這家新創公司在2011年8月，推出了第一個版本的「課堂道場」，短短五週後，已經有超過12,000名教師註冊使用，而且全部都是經由口碑推薦而來。到了第十週，使用這款app的教師增加到了35,000人，約為美國教師總數的1%（這樣的成長速度，說服我投資這家新創公司。）到了2016年年中，美國有三分之二的學校使用「課堂道場」，而且這款app已經推廣到180個國家。教師們整天透過app，和家長分享孩子們在學校的活動情形，使家長成為課堂文化的一分子。從這款app在幾乎未做行銷、也能快速推廣來看，教師們似乎覺得這項產品使他們的課堂，以及他們的工作與生活都變得更好。

表面上，「課堂道場」看起來只不過是一款對教師有幫助的app，但其實它是驅動去規模化學習更大力量的一個徵兆。我們不妨這麼看：一所大型學校或一個大型學區，是許多課堂的結合體，就像一間大公司；在此模式中，教師是中階經理人，做較高層級要求做的事，家長通常不被納入其中。

「課堂道場」是一個可租用的平台，提供教師免費使用，幫助教師創造一個以班級社群為核心的文化，以及更容易針對每位學生量身打造的教育。由教師、學生和家長共同參與的這個社群，更加圍繞著透過「課堂道場」互相連結的課堂，而非以整個學校為中心；換言之，這款app使得「學校」變得更小、更個人化、更客製化，不同於傳統「學校」的大規模，把許多不同年齡群的班級通通綑綁於一棟大型建物。

「課堂道場」陸續在app上添加互動式課程，例如，他們在2017年年中，和耶魯大學情緒智商研究中心（Yale

Center for Emotional Intelligence）合作，把正念課程的短片放到app上。其他新增內容包括幫助孩子學習數學或歷史等科目，學生可以在自己想要學習的時段，以自己的步調參與學習這些課程。這麼一來，學生將透過app獲得更多學習，教師變成每個學生的教練與指導者，不再只是重複一套明訂的課程計畫。

隨著使用「課堂道場」等創新技術取得更客製化、更適切教育的學生成長，他們將在未來的人生階段，包括大學、職場，以及往後的整個人生，期望獲得相同形式的學習，因此這只是改造新時代學習的開端。

美國規模化教育的起源與發展

賀瑞斯．曼恩（Horace Mann）可被稱為美國規模化教育之父。曼恩出生於1796年的麻州，離《美國獨立宣言》的簽署公告僅僅二十年後，當時農業仍然是全球經濟主幹，但工業革命已經在英國興起，詹姆斯．瓦特（James Watt）正在改良蒸汽引擎。1816年，二十歲的曼恩進入位於羅德島的布朗大學讀法律；十一年後，他獲選為麻州眾議員，他的政治生涯引領他在1837年幫助創立及運作麻州的第一個教育委員會。

此前，曼恩已經遊歷過歐洲，看到那裡的工廠正在驅動經濟，以及出現了因應工廠模式需要的新類型學校。

波士頓學院教育史學家彼得・葛瑞（Peter Gray）寫道：「當時的產業界雇主認為，學校教育是培育更優良員工的途徑。在他們看來，最重要的教育是守時，其次是遵循指導，忍受長時數的乏味工作，以及最基本的讀寫能力。」縱使在二十一世紀，我們也可以看出這段描述精準反映了學校教育。葛瑞總結：「這樣的觀念開始傳播——童年應該是學習時期，於是各地開始設立孩童學校，做為學習場所。」[3]

在曼恩推動教育改革之前，美國絕大多數的小孩是在只有一間教室的校舍接受教育，所有年齡的孩子共用一間教室，教師沒有通用教材。受到歐洲的工廠－學校模式啟發，曼恩決定在美國改變這種情形，他的教育委員會推出讓麻州全州通用的標準化課程，並且推行當時所謂的「年齡分級制」（age grading），同年齡的學生被集合成一個年級，給予他們進入下一個年級的目標。從某種意義上來說，這形同以組裝線來處理學校教育，就像工廠生產的產品：孩子在五、六歲時入學，接受每個教師以相同方式教授的標準化課程；在十八歲時，以成品之姿離開工廠學校。曼恩的創新太成功了，以至於一州接一州相繼採行。

學校一旦被標準化後，就能被規模化，在一棟建物中設立許多教室，就能達到規模經濟，以更低成本服務更多學生。伴隨人口成長，可以複製相同的標準化教育來服務更多人，於是學校規模變得愈來愈大。到了2010年代，美國一些規模最大的高中已有4,700名到8,000名學生，例如紐約的布魯克林技術高中（Brooklyn Technical High School）、賓州的瑞丁高中（Reading High School），以及德州達拉斯的天際線高中（Skyline High School）。

大學也依循相同路徑發展。在曼恩就讀布朗大學的年代，大學院校是一種工藝產業，全球各地只有少數獨特的小型大學院校，為一小部分高端人口提供高等教育。美國國會在1862年通過《贈地學院法案》（Land Grant College Act），幫助開啟了美國大學教育的新紀元——各州陸續創設大型州立大學，為更多大眾提供大學教育機會。實際上，大學院校也變得像工廠：招收高中畢業生，讓他們全都歷經大致相同的四年流程後，成為準備步入專業職場的最終產品。在本書撰寫之際，美國學生人數最多的大學是中央佛羅里達大學（University of Central Florida），有63,000名學生，居次的俄亥俄州立大學有近59,000名學生。[4]

規模化教育是推動全球進步的重要動力之一，幫助培育出代代的工廠工作者、經理人、創業家、創新者、科學家、政治家、作家和藝術家，這些各行各業的人才，創立促進繁榮的商業與機構。規模化教育使得無數人擺脫貧窮，晉升為不斷擴增的中產階級。到了2010年代中期，美國約有三分之一人口擁有四年制大學學位，這是了不起的成就。

不過，規模化教育雖然做出許多貢獻，它是為規模化商業與機構年代建立的模式，是針對大眾市場、一體適用的學習模式，並不適合為我們即將邁入的去規模化創業經濟時代培育學生。規模化教育並未妥善利用新科技來幫助學生，以迎合個人的新方式有效學習。

在高等教育領域，規模化模式已經顯露出一些困境。近二十年來，讀美國四年制大學的成本每年上漲超過5%；據估計，若這種成本上漲的軌跡持續下去，2010年出生的小孩讀私立大學的成本將高達近35萬美元。考夫曼基金會（Kauffman Foundation）在2010年代中期所做的一項研究發現，近年間，學貸債務升高的同時，新設的新創事業數量也在減少。[5]這種現象的一個可能解釋是，年輕人背負了沉重的學貸，導致他們無法嘗試創業，別無選擇，只能做領薪工作以償還學貸。這意味的是，規模化高等教育的成本，對社會造成重大傷害。

數十年來，美國的政治人物、教育家和社會大眾，十分關切學校未能妥適地為世界培育學生。他們嘗試教育改革，但幾乎每種嘗試都未能切中問題：現今的學校教育模式，其實是為了服務另一種世界——以往的經濟年代——而打造的，但是那樣的經濟年代正在消逝。教育改革者嘗試由上而下，重新設計工廠型規模化教育的新模式，但是建立新的規模化教育體制——創設新學校、購買新設備與書籍、雇用大批新教師，既昂貴又緩慢。

我們需要更適合去規模化經濟的去規模化教育方法。課程必須從標準化工廠流程，改變為一人市場的個人化流程，因為這是新經濟的運作模式。教育必須利用新科技，改造每一個人的學習體驗——不只是孩童，也包括職場成年人。長久以來，我們讓人們以不自然的方式學習，以遂行標準化、規模化的教育模式。在去規模化世界，教育將順應個人的特質和需求，新科技將使你能夠以針對你量身打造的方式學習。

可汗學院

在人工智慧世紀，可汗學院是最具影響性的教育實驗之一，創辦人薩爾曼．可汗是我在麻省理工學院時的老友，我也是可汗學院的董事會成員。這個非營利事業以2006年起張貼的YouTube教學影片起步，歷經多年，已經發展成非常成熟、進步的人工智慧型線上平台，以適合每個學生的步調提供免費教育。

微軟共同創辦人比爾．蓋茲（Bill Gates），透過比爾及梅琳達．蓋茲基金會（Bill and Melinda Gates Foundation）捐款超過900萬美元給可汗學院；墨西哥富豪卡洛斯．史林（Carlos Slim）也捐款數百萬美元，幫助可汗學院把課程翻譯成西班牙語。截至2017年，每個月有4,000萬名學生和200萬名教師，使用可汗學院提供的三十六種語言版本的免費課程。舉例來說，可汗學院的免費數學課程，從幼兒園的簡單算術，到大學的微積分都有。儘管可汗學院已經影響全球許多學生的學習，薩爾曼．可汗還有更大的抱負。

他說：「想像十年後，你可以取得低價智慧型手機或電腦，你可以自我教育，從字母、數字之類最基本的開始學起，一直到獲得職業技能，或是獲得能讓你銜接正規學術體制、上大學，成為專業人員的知識和技能。」[6]換言之，他想讓學生使用可汗學院自我教育，不需要踏進正規學校，最終也能夠成為在任何地方勝任高階工作的人。

不過，薩爾曼．可汗的意圖並非使傳統學校消失，他想讓居住地附近沒有學校的孩子，仍然可以透過人工智慧型雲端課程學習。他說：「實體環境仍然將會扮演很重要的角色，學生將在學校獲得很多社會性和情緒性的教育，並且培養工作習慣。」學校將不再那麼側重成績，而是應該更側重建立社群，亦即社會性互動。因此，學校將是孩子們一起學習如何以團隊模式完成工作、如何建立社群、如何進行良好社會互動的場所。或許，最重要的是，學校將是學生學會如何學習、要學什麼的場所，因此能夠自行到線上取得需要的內容和資訊。這種學習方式，將更切合我們現今創造的技術與經濟。

各地的教室將變成在「課堂道場」等app的幫助下，圍繞教師、學生和家長建立的一個高互動社群。曼恩創造的年級制度將消失，學生將被依照學習速度、獨立程度、社會性能力等因素進行分組。教師將不再一直站在教室前方，按照政府主管機關發展的課程對所有學生教授相同內容；他們將變成教練及協作者，幫助指導學生計畫、訂定學習目標，處理棘手的狀況，為線上課程增添人性色彩。

薩爾曼・可汗從麻省理工學院畢業後，在波士頓擔任避險基金分析師，因緣創立可汗學院的故事已經變得家喻戶曉。為了幫助紐奧良表妹等親戚的課業，他從2006年開始製作生動的教學影片，通常是以數學或科學為主題的課程，在影片中繪圖或撰寫方程式，並且進行講解。（他的第一支影片是關於基礎加法，片長七分鐘四十二秒，類似《芝麻街》（*Sesame Street*）短片的風格。）他把這些影片張貼在YouTube上，方便親戚觀看。他發現了一件有趣的事：他們喜歡能夠倒帶再看一次不懂的地方的功能，也喜歡直接跳過覺得無趣的部分。換言之，他們可以用自己的步調學習，同時避開必須請他人幫忙講解的障礙或困窘。

由於這些影片是張貼在YouTube上，其他人也發現了，到了2009年，每個月有超過5萬人次觀看這些影片，一年後增加到每個月100萬人次，到了2011年，每個月有

200萬人次造訪可汗學院的教育影片網站。此時，薩爾曼發現了他的天職，他想把可汗學院打造成一股改造全球教育的力量。不過，當時無論是他或我，都沒有稱此為「去規模化」；但實際上，這就是他的看法：把教育去規模化，讓教育變得不那麼像大規模生產的學習工廠，而是更個人化的體驗，幫助每個學生以自己的步調學習想學的東西。

就如同其他產業的去規模化，薩爾曼在創立可汗學院之初，靠的就是租用這個新科技時代最早的平台之一——YouTube的規模。他把影片張貼在YouTube上，各地學生可以在行動裝置上，透過雲端取得，隨時隨地（包括在課堂上）都可以觀看這些影片。但現在，薩爾曼的未來願景，需要下一波科技的動力：人工智慧。

人工智慧可以在互動式線上課程中，學習個別學生的學習情形。影音課程也在進步中，影片教學穿插了練習題和提問，由於亞馬遜Alexa和Google Now時代的人工智慧，現在已經能夠理解自然語言，因此學生可以口語回應，大致上就像在課堂上回答老師的那樣。人工智慧能夠察覺學生是否了解教材，決定是否再講解一遍，或是繼續往下教，並且總是能夠對學生提出足夠的學習挑戰，幫助學生進步，又不會因為挑戰難度過高，導致學生覺得挫敗而放棄學習。

隨著時間發展，人工智慧將能掌握學生懂或不懂哪些地方，了解學生的學習型態與速度，知道他／她喜歡哪些科目、討厭哪些科目，然後據此打造更個人化的課程。教育就是如此地從標準化、一體適用的課程，轉變成一人市場的教育，幫助每個人發揮最大的潛能。差別是，以往的教育模式是讓所有孩子順應大眾市場的教育制度，將來則是讓教育制度順應個別孩子的發展。

你可以想像，薩爾曼願景中的K-12課堂如何運用人工智慧——其實，這不只是薩爾曼的願景，很多其他組織如Coursera，也發展類似的線上課程。線上課程變得個人化，順應每個學生的學習型態和步調，而學校教育的其他部分，包括社交、社群、通力合作、學會學習方式等，則屬於教室社群必須完成的任務。這兩部分攜手並進，培育出適合二十一世紀數位時代的人才，而非適用於上個世紀工業時代的人才。

我幫助薩爾曼在加州山景市（Mountain View）創立一所小學，名為「可汗實驗學校」（Khan Lab School），落實這些概念。這所學校並未按照年齡和級別對學生進行分組，而是按照學生的獨立程度和特定科目的知識水準進行分組，因此一個數學優異、但作文普通的學生，可能和年齡較長的數學課學生同組，或是和年齡較小的作文課學生同組。

在這所學校，學生學習的課程內容，不是完全來自教師授課和教科書，而是由教師教導他們思考和符號技巧，並且講解部分內容，然後讓學生透過線上或自己研究的方式來學習其餘內容。學生在學校學習的時間，也不是根據各科內容進行劃分，例如數學課、歷史課等，而是劃分成自修時段、分組討論的時段，以及親自動手做做看的計畫時段等。學生並非每一季才會收到成績單，他們和家長都可以在線上持續獲得有關學習進展的報告與反饋。仔細想想，你會發現，這種新型態的學校，很像科技新創公司的工作環境；反觀傳統學校，則像二十世紀的公司辦公室或工廠。

在矽谷以外，也有一些學校開始採行這些概念。例如，堪薩斯州勞倫斯市的勞倫斯公立學校（Lawrence Public Schools），教師交給學生的家庭作業，是觀看可汗學院的教學影片。到了課堂上，學生可以選擇和其他同學一起做題目，練習可汗學院影片中教授的內容，或是選擇請求老師的講解與協助。史丹佛國際研究院（SRI International）調查這種混合式學習（亦即結合線上與線下的學習模式），71%的學生表示喜歡使用可汗學院的教學影片，32%的學生說，自從使用可汗學院的教學影片之後，他們更加喜歡數學。[7]

事實上，史丹佛國際研究院的調查研究發現，使用可汗學院教學影片的學生，數學學習成效往往優於標準化測驗成績預測的學習成效。該機構發表的報告指出：「我們發現，使用可汗學院的免費課程和優於預期的學習成效，這兩者之間有正相關，其中包括學習數學的焦慮程度，以及對數學能力的信心。」接受調查的教師有85％表示，使用可汗學院的課程，對學生的學習及理解教材有幫助；86％的教師說，他們願意向其他教師推薦這種混合式學習。這份報告也寫道：

> 經過兩年的研究，大多數教師（91％）表示，使用可汗學院使他們更能為學生提供機會，練習他們在課程中新近學到的新概念與技巧。有80％的教師表示，使用可汗學院使他們更能監測學生的知識與能力，幫助他們辨識出學習有困難的學生。接受調查的教師有82％表示，使用可汗學院幫助他們辨識出能力超前其他同學的學生。這82％的教師表示，使用可汗學院幫助他們讓這些能力超前的學生，接觸他們所屬年級以上的較進階概念。至於有65％的教師表示（其中包含72％在低所得社區任教的教師），使用可汗學院的課程，讓他們更能夠幫助學習有困難的學生追上進度。

總的來說，來自可汗學院之類的人工智慧型線上課程，以及「課堂道場」等幫助建立課堂社群的app，正在幫助我們擺脫舊有的標準化教育模式，把「學校教育」的概念，改造成針對個別學生量身打造的教育。

人工智慧型課程和去規模化的學校教育，將促使我們重新思考標準化測驗；在去規模化的一人市場教育世界中，標準化測驗的概念恐怕不再適切。人工智慧軟體將能了解每個學生在線上課程中的學習進步程度，以及學生所做的計畫的品質；換言之，也就是可汗實驗學校的學生和家長獲得的那些反饋。也許，最後可能根本不需要傳統測驗，莘莘學子將不再需要參加學術能力評估測驗（SAT），或是美國大學入學測驗（ACT），只需要讓人工智慧軟體把一個學生的知識、能力和學習型態的摘要報告，傳送給大學的入學審核部門即可。

大學教育的去規模化

對招募員工的雇主而言，一張大學文憑彌補了一些判斷缺失；人力資源部門無法從電腦上得知你真正懂什麼、你有多聰敏，文憑便成了一個濾器。大學文憑廣義保證你懂得夠多，也夠聰敏、能幹，足以從某所大學畢業。二十世紀的雇主普遍仰賴這種濾器，因為沒有更好的方法了，但是隨著新世代愈來愈透過和人工智慧互動、學習，人工智慧將搖身成為比文憑更好的濾器。人工智慧將能夠精準地知道你懂什麼、有多聰敏，任何工作應徵者也可以把相關資訊的某個版本，提供給潛在雇主考慮。

所以，為何你需要一張大學文憑，才能取得一份高端的工作呢？若你聰敏到能夠理解麻省理工學院或史丹佛大學的線上工程課程，人工智慧就能證明你的勝任資格，與那些花了四年時間和20萬美元就讀這些學校的人相同。一張文憑是對一群廣大的人的概述：從這所學校畢業的每個人，大概都具有一定程度的智識與能力，或者至少夠聰慧，成績能夠畢業。人工智慧根據你的線上課程表現來提交檢定證明，是專門針對你一人的「文憑」，詳細檢定你的智識與能力。

大學教育的每一個層面，可以去規模化的成熟時機，幾乎都已經到來。首先，在美國，規模化大學的擴增速度，不足以應付想就讀美國大學的全球人口成長速度。其次，大規模校園的經營成本不斷上升，學費持續飆漲，學生的求學成本已經變成一種社會負擔，也是一種企業負擔，因為企業需要聰敏、有足夠智識水準的新人才，源源不絕地加入勞動力市場。

許多頂尖大學已經開設大規模開放式線上課程（簡稱MOOCs，磨課師），在去規模化教育市場占有一席之地。截至2017年年初，麻省理工學院、喬治亞理工學院、伊利諾大學和亞利桑那州立大學，這四所大學已經提供授予學位的MOOCs。MOOCs的特徵之一是，數百萬的學生可以上同一門課，例如由全球最優秀的物理學教授講授的物理學課，授課教授可能任教於世界頂尖的私立大學。這可能對許多中等水準的大學構成威脅，你可以花小錢（甚至免費）在線上觀看最優秀的教授授課，幹麼花大錢去傳統校園上中等水準教授的課？不僅如此，線上人工智慧還能根據你的學習速度和型態，為你量身打造課程。

不論從哪方面來看，去規模化、由人工智慧驅動的大學層級個人化學習，將挑戰針對大眾人口設置的規模化大學。更進一步來說，「高等教育」這個概念，將逐漸與四年制大學校園的體驗脫鉤。為了獲得好工作，人們將不再需要劃分出人生中四年的時間、花費一大筆金錢，而是可能選擇在人生中一次學習一些的模式，甚至可能取得許多微型學位，而這種模式更切合二十一世紀數位時代的工作與職業。如同我們已經目睹的，產業、科技和對特定技能的需求，不斷地快速改變；為了成功，人們一生將可能從事多種具重疊性的職業，每個人都必須以有效率、不昂貴的方式，持續終生學習。

縱使是線上教育的支持者，也不認為傳統大學將會消失，但是在接下來的二十年，大學的面貌將會大幅改變。一些卓越的美國大學品牌，例如麻省理工學院、哈佛大學、史丹佛大學等，將繼續是頂尖的研究中心，也是優秀年輕人結識、往來和共同合作的場所。但是，在去規模化的世界，頂尖水準以下的大學，經營將會變得更加困難，因為它們所屬市場的學生，將有愈多可能改為選擇結合線上教育和工作的模式，而且雇主也將會愈來愈擁抱這種模式。

教育業的新商機

教育業的創新創業機會，與能源業和醫療保健業等營利產業有點不同。我參與可汗學院，它是非營利性質，我認為教育機構應該是非營利組織，但我也看出科技驅動教育業去規模化的許多有趣商機，例如「課堂道場」就是其中一例，而下列還有其他一些新商機。

雲端教育 十年前，人人都認為教育業的最大商機，不過是把傳統大學的授課影片放到線上，但這其實猶如1950年代把電台節目轉移到電視上，授課影片本身其實並未利用科技。後來出現的課程，例如可汗學院、Coursera和其他機構推出的，結合了學習、軟體、內容和雲端上的人際互動，這些課程不是只讓學生觀看螢幕上的教師授課，而是運作得更像是個人家教，引導學生以自己的步調，體驗多媒體學習。許多最有趣的商機，並不是嘗試仿效傳統大學的學位課程，而是幫助人們在短時間內，學習一些十分專業的特定主題，以推進職涯發展的終生教育和奈米學位（nanodegree）。

新公司將會創造出一些主動流向我們的教育課程，而不再是我們努力設法取得教育。「雲端教育」將讓學習更容易取得，更為個人需求量身打造；坦白說，這是一個很大的市場，充滿了許多商機，例如為企業較資深的在職員工，提供新的學習方案。我們已經看到AT&T、萊雅集團（L'Oreal）等公司，委請由特龍等人共同創立的線上學習公司優達學城（Udacity），為員工提供線上再訓練課程。萊雅集團的員工，可以透過線上影片教學課程，取得數位行銷奈米學位，以推進職涯發展。還有其他公司建立平台，讓從水電到歌唱等各種領域的專業人士，提供他們自己設計的線上課程，這也是另一種雲端學習。

美國已經在雲端型教育領域超前，其他國家很快就會出現這種需求。截至2017年4月，人口高達13億的印度，僅有200萬人註冊線上課程；在許多亞洲和非洲國家，幾乎不存在雲端型教育。[8]最後，我還看出另一個巨大商機——開設更側重博雅教育的線上課程。現在的線上學習，大多瞄準數學、科學或軟體編程等專業技能，但在人工智慧時代，涉及寫作、哲學、歷史和類似學科領域的人類思維，將比以往更具價值。

互連式課堂工具　伴隨學校教育的去規模化，更多教師將採用科技來設立虛擬課堂，使學生、家長和老師能夠與外部資源、教育內容、專家或任何能夠幫助學生以自己的步調來學習、協作的東西建立連結。「課堂道場」

和「愛德墨多」(Edmodo),就是這類全方位虛擬課堂的其中兩款app,幫助教師有效管理這些互連式的課堂。現在,每位教師自行準備課程計畫與教材,其實相當浪費資源和時間,因此一個名為「Teachers Pay Teachers」的線上市集誕生了,教師可以在開放式的市場平台上,把自己製作的課程計畫、教材和其他教育資源,出售給別的教師。教師愈是具有創新創業精神,就愈可能有效採用新科技,幫助自己快速、妥善完成工作。

我可以想像得到,會有一波新的app出現,藉由連結分布在世界各地的教室,建立起「虛擬學校」。畢竟,美國堪薩斯市一群五年級科學資優班的學生,和在同一棟建物裡的一年級學生的共通點,遠不如和在波蘭、印度或智利的一群類似學生的共通點那麼多。結合行動、社群、雲端、虛擬實境、3D列印等技術,彼此相距幾千英里的課堂,便能形成一個整體。若這真的能夠成為新時代建立新學校教育的一種方式,當然比從無到有興建幾萬棟新建物更有效益。

虛擬實境和擴增實境　在教育領域應用虛擬實境和擴增實境技術的可能性近乎無限,科技業巨擘如微軟、谷歌和臉書都看出了這點,著手研發實驗性產品。例如,微軟的HoloTour,是早期版本的沉浸式歷史體驗,讓學生回到往昔,獲得行走於舊地舊景(如古羅馬)的體驗。

Google Expeditions則是讓學生可以來一趟火星或南極洲的虛擬之旅。

當然，早在五十多年前，學生就已經能夠觀看遠地的影片了。但是，去規模化時代的虛擬實境技術，將能夠進一步鼓勵學生以自己的步調進行探索。當虛擬實境技術讓學生能夠回到古羅馬身歷其境時，他們便能更加了解雙輪戰車賽或政府陰謀的文化。虛擬實境也可以帶領學生進入人體體內學習生物學，或是帶領他們進入太陽內部學習核融合。這些都只是虛擬實境技術可以如何改變學習體驗的一些例子，新一代的創新者，必將以我們還未能想像得到的概念，令我們驚豔不已。

我也看出，在可預見的未來，擴增實境技術將扮演一個不同的角色。擴增實境技術可以讓學生在身處真實世界的同時，以某種透鏡，例如眼鏡、罩鏡、手機螢幕等，把資訊或影像融入真實世界中。一款歷史類的擴增實境app，可以讓你行走於一座城市，「看看」它在一個世紀以前的面貌，或是讓你行走於一片森林中，「看看」有關每種樹木和植物的資訊。多年後，擴增實境技術將能把相隔幾千英里的兩個人同置於一室，彷彿兩人貼身並坐。想像這一切將如何改變一對一教學：一個身處美國的學生，將能夠向身處中國的某人學中文，兩人就像親身同處一室，一起喝茶聊天。回想薩爾曼教導表妹數學的第一支影片——那後來發展成一系列可汗學院教學影片，它就是擴增實境技術未來將為莘莘學子做到的境界的毛坯版本。

6

金融業：
數位貨幣與財務健全

1990年代末期網路公司榮景期間，當時十三歲的伊森・布洛克（Ethan Bloch），開始把他在猶太男子成年禮時收到並存下來的錢拿來做股票交易。他做得很好，幾年間，他的錢翻了三倍。當然，在那瘋狂的牛市期間，幾乎不可能不賺錢；不過，當你年僅十三歲時，財富翻升三倍，很容易使你覺得自己是世界之王。

2001年，股市崩盤時，當時十五歲的布洛克賠個精光。他說：「首先，這教訓我，我根本不了解我在做的事。其次，這使我產生我一直抱持至今的強烈求知欲，那就是去了解金融業，了解它如何運作，為何我們有金融業，以及它帶給我們什麼益處和痛苦。」[1]布洛克上了佛羅里達大學，研讀金融和心理學，決心有一天要幫助人們更明智地處理金錢，別像他當年那樣。

大學畢業後，他創立了一家行銷軟體公司。這家公司被另一家名為DemandForce的軟體公司收購，DemandForce後來又被個人財務軟體先驅財捷公司（Intuit Inc.）收購。布洛克看出金融業愈來愈數位化，若你的銀行帳戶和帳單是數位形式，你可以交給軟體管理。不同於人腦，電腦軟體能夠一貫地做出理性決策。當然，布洛克也看出一個有待解決的問題：美國聯邦準備銀行的調查研究指出，2013年，18歲到40歲的美國人當中有60％沒有儲蓄，35歲以下成年人的平均儲蓄率是–2％，一直在消磨資產。[2]

布洛克說：「我心生一個植基於美國現實的基本概念，那就是若你希望這個國家的多數人財務健全，你必須使他們能夠不費力地做到財務健全。」為了試圖做到這點，他創立了迪吉公司（Digit）；這個雲端型線上理財服務事業，可以例示銀行業如何漸趨去規模化。我的投資策略核心是去規模化運動，迪吉公司是其中一員。

迪吉軟體以更明智的方式為你理財，比許多人處理金錢的方式更明智。首先，它幫助人們存更多錢，用戶和迪吉簽約後，迪吉可以進入該用戶的銀行帳戶，觀察帳戶金錢進出的情形，算出這個用戶每個月可以在不感受太多痛苦下存多少錢。然後，軟體可以在不經詢問之下，每個月把用戶支票存款帳戶中一部分的錢，轉入他／她的儲蓄存款帳戶中。關鍵在於這轉存動作，並不事先詢問獲得用戶同意：當人們不去想儲蓄，往往能夠存下更多錢。

歷經時日，迪吉變得更加精進，它使用機器學習觀察你的現金流量，學習你的收入及支出型態，幫助你做出更複雜的決策。比方說，你可以要求迪吉幫助你實現一項目標，例如：「我想存2,000美元，好好地去渡個假」，迪吉就會做出規劃，在你還未把多出的閒錢揮霍在購買昂貴的鞋子之前，就把錢轉到你的儲蓄存款帳戶。它會監視你的帳單，提醒你記得自己的存款目標和用錢需求。可以預期，迪吉最終將成為你的理財經紀人，你只須列出你的財務目標和需求，讓軟體學習你的收支型態，成為你的理財好幫手。

為何說迪吉和許多其他的類似服務，正在推動銀行業的去規模化呢？跟其他產業一樣，銀行業在二十世紀規模化，2008年金融危機發生時，「大到不能倒」的銀行，就是這麼形成的。大銀行聚焦於大客戶和大眾市場，將產品和服務標準化，以達到規模經濟。它們沒有多大的誘因，針對二十幾歲、掙扎於支付租金的年輕人，推出創新的產品和服務。迪吉之類的新創公司，開始分析、了解這些利基型客戶，找出可以獲利的方式提供服務。藉由租用行動網路、雲端運算和人工智慧的規模，打造產品和服務，迪吉的軟體對特定用戶了解愈多，就愈能自動為該用戶量身打造個人化的服務，亦即服務一人市場。

迪吉仰賴現有銀行做為平台，租用這些銀行的規模和能力；這麼一來，它本身就不需要建立一套銀行基礎設備，也能符合銀行業法規。迪吉在富國銀行（Wells Fargo）或美國銀行（Bank of America），為用戶開立一個儲蓄存款帳戶，軟體在用戶和銀行帳戶之間有效運作，將決策自動化，處理交易。仔細想想，這其實就是往昔小鎮銀行分行的理財專員和經理人所做的事——認識、了解客戶，幫助他們做出聰明的財務決策。迪吉之類的公司取代了銀行分行，創立聚焦於客戶的新型服務。布洛克說：「每個人的財務生活都具有可預測性，你在軌跡上做出的每項決策也可預測，我們全都應該獲得這樣的服務，也該仰賴這樣的服務。」

布洛克相信，迪吉對個人、甚至整個社會將帶來淨效益。他說：「當你的財務變成一種自動駕駛模式時，會發生什麼情形呢？」簡單舉其中一項好處說明，使用迪吉理財服務的人，可以避免透支和延遲繳交罰金，這兩者一年帶給銀行約莫200億美元的收入，而為銀行貢獻這兩種收入的，大多是那些最負擔不起的人。布洛克說：「想想看，光是要記必須支付什麼帳單、要付多少錢，以及如何支付另一筆費用，當你發現沒繳某筆帳單時，這些將會導致多少心智效能流失？但其實全都可以避免，因為理財軟體可以幫你，讓所有帳單都能適時繳付正確金額。若能取回所有不必要流失的心智效能，可能會發生什麼情形？我們大概早已登陸火星了！」

銀行業的規模化

二十世紀初期，擴展銀行規模有相當的難度，那時貨幣全都是實體的——紙鈔、硬幣、金條，你不能把它們匯往另一個城鎮，必須存放在保險箱裡，點數清楚，交給銀行櫃台出納員。一般民眾沒有信用評等或財務紀錄檔案，因此銀行偏好放款給它們熟知或容易調查與了解的客戶，可能是離銀行辦公室很近的客戶。當時，大多數企業和商家都是小型的本地事業，國際性企業仍然處於發展初期。農場也是由家庭擁有與經營、規模小，而不是由企業擁有與經營的巨型農場。銀行業配合時空環境發展，大多數銀行都是地方型的，貼近個人、小規模。雖然有幾家大型銀行創立，例如摩根銀行（J. P. Morgan）等，但總的來說，二次大戰前的金融業，也算是一種手工事業。

1950年代和1960年代，電腦把錢轉化為資訊，改變了這種情形。亞特蘭大聯邦準備銀行在發展歷史回顧中指出，1950年代末期，多數銀行仍然使用機械式列表機，缺乏電腦的電子資訊。《亞特蘭大聯邦準備銀行歷史，1914—1989年》（*A History of the Federal Reserve Bank of Atlanta, 1914—1989*）中寫道：「走進亞特蘭大或傑克森維爾市繁忙的銀行支票處理部門，你會看到70到85名女性，坐在有36個卡片格的灰色IBM 803驗證機前忙碌作業，一手輸入支付金額和銀行識別號碼，另一手從一旁堆疊的支票中，拿起一張支票，放進一個插槽裡。一名熟練的作業員，每小時可以處理1,200張到1,500張支票。」[3]

亞特蘭大聯邦準備銀行在1963年，設置了一台IBM 1420電腦，處理量是一個作業員的四十倍有餘。這種發展引領出規模經濟，銀行可以用更少員工處理更多業務，獲得更高利潤。一家負擔得起一、兩台電腦的銀行，能夠為客戶提供更好的服務，贏過規模較小的手工型銀行。

約莫此時，企業獲得動能，成為美國經濟的主幹。銀行也擴大規模，服務企業客戶對資本和金融交易的需求。大來國際信用卡公司（Diner's Club）在1950年，發行了第一批通用型信用卡；美國運通（American Express）和美國銀行，也在1958年發行信用卡。[4]這些新發明促成銀行業對大眾市場消費者提供融資，因為行方可以透過電信傳輸的信用資訊，對用戶有更私人性質的了解。相關技術讓銀行能以標準化產品來服務更多人和企業，規模經濟開始發揮作用，規模愈大的銀行成為更好的事業模式。

不過，有一道障礙抑制了銀行的無止境規模化：管制。一直到1970年代，美國聯邦政府對金融業的管制，仍是基於二次大戰前的事業模式，亦即在電腦、企業霸權或信用卡出現之前。這種情形在1980年代改變了，立法廢除了一系列對銀行和其他種類金融機構的限制，這產生相當大的影響。根據美國聯邦存款保險公司（Federal Deposit Insurance Corporation, FDIC）的一項研究，在1984年年底，美國有15,084家銀行與儲蓄組織；到了2003年年底，已減少至7,842家。這些消失的銀行，幾乎全都是FDIC所指的：「資產低於10億美元（以2002年幣值計算）的社區銀行業者」，它們要不就是被追求擴大規模的銀行購併了，要不就是被大規模的銀行逐出市場了。

2014年，SNL金融（SNL Financial）所做的一項調查發現，美國所有銀行的總資產，有44％由五家最大的銀行所持有，這五大銀行是摩根大通銀行（JPMorgan Chase）、美國銀行、富國銀行、花旗集團（Citigroup）、美國合眾銀行（US Bancorp）。1990年時，這五大銀行持有的資產，占美國所有銀行總資產的比重，還不到10％。[5]

拜科技進步、全球化及企業崛起這三者匯合之賜，銀行大舉規模化，規模經濟勝出，少數幾家巨型銀行制霸了整個產業。銀行規模愈大，就愈聚焦於企業或超級富豪之類高獲利、高金額的客戶，也愈需要對大眾市場的消費者，提供標準化、一體適用的產品和服務。

從許多方面來說，銀行業規模化是好事。銀行對企業浥注資本，幫助經濟成長；為無數人提供信用，讓他們可以購買電視機、衣服和其他商品，以改善生活水準；並且幫助無數人取得貸款，購買房子。但是，規模化也是2008年金融危機的主要導因之一，大銀行有誘因透過可標準化及證券化的商品，對盡可能更多的消費者提供貸款，結果導致了大量不當、不負責任的房貸。當消費者開始償還不出這些房貸時，規模最大的銀行「大到不能倒」，聯邦政府必須進行紓困，否則它們將會拖垮整個經濟。

2008年金融危機是無數報導、研究與書籍的主題，甚至還被好萊塢拍成了賣座電影《大賣空》（*The Big Short*），它的導因複雜、深奧，但從科技與經濟學的透鏡來檢視之後，我認為這場危機的導因可以簡化為：規模經濟已經在這個產業跑完全程了。這場危機後的數十年間，我們將會看到由超級規模金融公司制霸的年代，開始邁向終結。在2010年代中期，我們已經看到了銀行業去規模化紀元的最初期微光。

消費性金融的去規模化

消費性金融將如何去規模化呢？迪吉之類的公司，讓我們一窺新型消費性金融服務。其實，迪吉根本不是銀行，它是建立在銀行之上的一種服務，就像手機app建立在亞馬遜網路服務，或是其他雲端運算平台的巨大電腦運算能力之上。富國銀行之類的巨型銀行，開始將自身能力開放成一個平台，類似於雲端銀行。大銀行能夠照料、處理繁重的銀行業務，例如維護高度安全的電子金融軟體，或是應付、處理州和聯邦法規的相關事務，這與身為平台的亞馬遜網路服務，必須處理建設資料中心、維修後端作業軟體等繁瑣事務相似。

但是，大銀行將漸漸放棄——或者，更可能的是流失——和消費者的直接關係。迪吉之類的公司，將聚焦於銀行業市場上小區隔的特殊需求，提供適切的產品與服務，使用人工智慧來學習每個客戶的行為模式，量身打造個人化的產品與服務，提供更貼近一人市場的金融服務。

我們目前正處於這種轉變的初期，截至本書撰寫之際，迪吉只攻占了一小塊銀行業市場，但正在快速成長中。若迪吉瞄準了年輕人，那麼市場上將會陸續出現瞄準其他客群的利基型金融app，例如想為孩子存錢的父母、為退休做規劃準備的年長者，或是剛抵達一國的新移民。我預期，我們將會看到大量創新，或可想像，有些創新者將推出新型的人工智慧app，幫助人們購買房子，但不透過傳統的房貸，或是幫助新婚夫婦開設一個共同帳戶，並且規劃支出，使他們不至於為錢吵架。

現代銀行向來善於推出標準化的產品與服務，例如支票存款帳戶、儲蓄存款帳戶、信用卡、貸款等，期望我們能夠主動適從對行方最好、最有利的產品與服務，這是規模化時代的標準營運方法。但是，在去規模化的時代，將是金融服務業者來迎合你，金融類app將會主動研究你（當然是在獲得你的允許之下），在了解你的生活型態和理財目標之後，針對你量身打造金融服務，而且你獲得的服務，很可能跟你認識的其他人都不同。

需要金融服務的消費者，將不再直接尋找一家銀行，而是改為尋找符合本身獨特需求的app。app公司提供的服務，將和某家銀行建立、維持關係，但你可能不知道或不在乎是哪家銀行。你選用的app背後的人工智慧，將會主動學習你的所得與支出型態，考量你的理財目標，扮演你的個人理財專員，自動為你做好所有的理財工作，甚至經常主動為你議價，以獲得更優惠的貸款利率，或是更低廉的服務費用。你只需要告訴app，你的財務需求是否有所改變，app就會提供相對應的服務。

未來，你可以想像金融app與亞馬遜Alexa連結，也許你只要告訴Alexa：「我需要買部新車，我買得起多少錢的？如何付款最好？」app將會為你提供建議，在取得你的指示之後，在幕後為你打理一切。甚至，信用評分有可能消失，因為這類app已經對你有足夠的了解，知道你是否可能履約償還貸款，那麼又何須信用評分這種只知道你過去是否確實償還貸款及支付帳單的落後指標呢？

消費性金融比商務金融更簡單，而商務金融同樣將發生重大變化。想了解可能的變化方向，可以看看線上支付服務公司Stripe的例子，它正在取代大銀行一體適用的糟糕服務。

商務金融的去規模化

2010年，我在麻省理工學院授課時，首次碰到約翰和派屈克·柯里森這對來自愛爾蘭的兄弟檔。派屈克是麻省理工學院的學生，他的弟弟約翰就讀哈佛大學，他們當時正在創建一家名為「/dev/payments」的線上支付處理公司。我問派屈克，他們的顧客是誰？他說，他們的很多顧客還未出生呢。柯里森兄弟有個宏大願景——為全球線上商務建立一個新平台，他們夢想每一間新創公司將使用這個平台的服務，快速起飛，服務全球市場。他們創立的這家公司，後來改名為Stripe，截至本書撰寫之際，該公司估值已達約90億美元。身為這家公司的初始投資人之一，我認為這是一家能夠把大量商務金融業務去規模化的人工智慧型公司。

Stripe解決了超連結時代的一個重要問題，在Stripe創立之前，建立與經營一個能夠接受來自其他國家的其他種類貨幣付款的事業，是一件相當麻煩的事，連PayPal

等app都無法妥善解決。銀行會要求公司填寫申請表格，通常是紙本的申請表格，相關流程得花費許多時間。你必須為每種貨幣的交易，填寫一份新的申請表格，若你的公司不這麼做，就會流失本國以外的顧客。例如，居住於美國的某人造訪了德國的一個網站，若網站上的產品／服務價格，全都以歐元標示和交易，那麼這個人很可能就會放棄。Stripe把全球支付處理自動化，Stripe所做的部分線上金流服務，PayPal也做，但PayPal主要是第三方支付處理商，而Stripe更像是一套系統，開發商可以把它內建在任何商務網站，做到無縫式交易。自2017年起，使用Stripe的公司，能夠立即開始以138種貨幣做生意。

約翰．柯里森說，Stripe致力於使網際網路上的金流，一如任何種類的資料包那般輕易流動。為了做到這點，關鍵之一是風險管理和詐騙偵防——傳統上，這是銀行的功能，而Stripe能夠做到這點，靠的是人工智慧，人工智慧學習交易型態，因此能夠辨察可能的問題。跟所有的人工智慧一樣，流經Stripe的資料愈多，它的人工智慧就愈精進；簽約使用Stripe金流服務的新公司愈多，流經其服務的交易量愈多，所有資料都將被餵入Stripe的人工智慧軟體中。人工智慧也幫助Stripe瞄準特定市場——新創公司和小型企業，這些是大眾市場銀行較不關注的市場區隔，因為這些銀行寧願和大公司往來。

當然，在Stripe出現之前，小型公司也能透過銀行處理線上交易付款，但大銀行對大公司的生意更感興趣，並不致力於為小型企業推出更容易，或成本效益更佳的付款處理服務。Stripe是一家精實的科技公司，建立在銀行業的平台上（亦即使用大銀行來儲存、保護金錢），使它能夠以可獲利的模式，服務大銀行不那麼看重的小型企業市場。Stripe不要求小型公司適從標準化的支付服務，它讓小型公司根據自身需求來架構支付服務；事實上，Stripe正在演進成一家能比任何銀行都做得更多的公司。

舉例來說，許多市集平台（eBay是最著名的市集平台之一），必須能夠接受來自買家的付款，再把款項轉給賣家，Stripe能夠做為這些市集平台的一個清算中心。Stripe也推出一種名為「Atlas」的服務，幫助世界各地的新創公司，打理在美國註冊、取得美國銀行帳戶等事宜。由於Stripe並不是一家銀行，因此它能夠匯集各種服務，成為創立一家全球性去規模化公司的一站式服務窗口。Stripe的殺手級app，使它有潛力成為商務金融去規模化的重要平台，現在就連大公司也開始使用Stripe的服務，這是較老的規模化企業將採用更新的去規模化解方的一個跡象。

我投資的另一家公司資金箱（Fundbox），正在攻克商務金融的另一塊版圖，該公司幫助小型企業管理短期現金流量缺口，讓它們可以拿手中的待收款票據去貼票融資。有時候，一家小型公司可能手上有一大筆待收帳款，但在等待期間必須支付帳單或薪資，因此需要貸款來應付短期現金缺口。Fundbox使用人工智慧來監看一家公司的會計軟體，了解為這家公司提供貼票融資的涉險程度。當這家公司需要拿手中的待收款票據去貼票融資時，Fundbox可以在一分鐘內做出決定，並且在翌日把錢匯入該公司的銀行戶頭，比該公司直接找銀行融資更簡單、快速、便宜。

Stripe和Fundbox之類的公司，是商務金融革命的早期徵兆。金融業現在已經完全數位化，在網路上，金錢是一種資訊，會計是軟體，交易被自動化，而人工智慧可以看到這一切，把所有區塊拼湊起來，以了解一家公司的財務狀況，幫助它做決策。這個領域將出現一家又一家的創新型新創公司，以傳統大型銀行從未能做到的方式，服務狹窄的商務市場區隔。這些創新者將使用既有銀行做為平台，推出量身打造的服務，搶走商務金融客戶。

不過，這對一級銀行未必是壞事，Stripe為銀行開發原本沒有的業務，為銀行創造出原本不存在的新生意，大家都是贏家，因為有更多錢流經整個體系。Stripe幫助小型公司在全球市場做更多的生意，助長商務，為這些銀行引進更多新錢。只不過，差別在於Stripe和企業往來，銀行則是和Stripe往來。歷經時日，大銀行將不再和許多終端客戶直接往來，但仍然有好生意，因為它們變身成為許多人工智慧型去規模化金融服務的後端作業者；大銀行將變成大雲端銀行。

在這種情境下，銀行將繼續FDIC所描述的合併趨勢。就如同雲端電腦運算服務，美國將只需要少數的雲端銀行，在這些雲端上，將會建立人們和企業倚賴的無數金融app和服務。至於規模不足以變成大雲端銀行，但又缺乏可塑性、無法和金融app新創公司競爭的中小型銀行，續存理由逐漸消失；無疑地，許多中小型銀行將被最大的銀行購併，或是因為業務衰退而退場。

跟消費者一樣，到了2020年代中期，中小型企業可能不會在傳統銀行開戶，而是尋求Stripe和Fundbox之類專門迎合它們需求的金融服務業者。企業將會使用這些app，錢將會流經這些app，進入這些app合作的雲端銀行。

長期以來規模化、每家銀行都以大眾市場模式服務消費者和企業的銀行業，將會逐漸原子化。金融服務將從銀行分離出來，演變成瞄準利基市場的app服務。我們將不再適從於銀行，而是金融服務來調適、迎合我們，這將是自亞特蘭大聯邦準備銀行於1960年代首度使用IBM電腦以來，金融業出現的最大轉變。

企業募資的去規模化

閱讀至此，我想各位已經知道，我從事的是金融業中一個名為「創投」領域的工作。創投業本身也規模化，尤其是在軟體業起飛的1980年代以後；到了2000年代，幾家能夠募集到最多資金的大型矽谷創投公司制霸了整個產業。有雄心的創業者，通常會先找上這些創投公司，因此頂尖創投公司會先看到最佳的投資機會，這更加提高了它們相對於小型投資公司的優勢，使得大型創投公司繼續使用規模經濟，來建立巨大的競爭優勢。

不過，在2000年代，也開始出現去規模化的新創投資模式。首先，出現了天使投資人，接著曾經創辦消費者評比網站Epinions的納維爾・拉維肯（Naval Ravikant），與投資部落格網站Venture Hacks的創辦人巴巴克・尼維（Babak Nivi），在2010年共同創辦了AngelList。起初，AngelList是媒合新創公司和天使投資人的平台，後來演進成一種投資人聯合投資集團，讓個人也能夠像大型創投公司那樣投資於新創公司。約莫同時，陳佩里（Perry Chen）、楊希・史崔克勒（Yancey Strickler）和查爾斯・艾德勒（Charles Adler），在紐約布魯克林共同創立了Kickstarter，讓幾乎任何人都能夠投資於任何東西——一家公司、一項藝術創作計畫、一件產品等，被稱為「群眾募資」（crowdfunding）。截至本書撰寫之際，Kickstarter已經為超過11.9萬項計畫，募集到來自1,240萬人將近30億美元的資金。AngelList和Kickstarter以大型創投公司從未能夠做到的方式，服務利基型投資人和創新者。

美國證管會在2016年遵照《新創企業啟動法案》（Jumpstart Our Business Startups Act, JOBS Act），制定了相關的新法規與施行細則。在去規模化中，政策扮演了重要的角色，《新創企業啟動法案》就是一個例子。[6]過去，若你在Kickstarter平台上投資一家公司，你獲得的回報只是能比別人更早取得該公司的產品，或是可能只獲得一只印有該公司標誌的馬克杯。若是一家新創公司想對投資人提供股權，投資人必須達到標準——必須擁有至少20萬美元的年所得，或是至少100萬美元的淨財富。但是，在《新創企業啟動法案》下制定的新法規，讓未上市公司可以透過群眾募資，以股權換取投資人提供資金。

舊法規阻礙了創投的去規模化，現在有不少新型的群眾募資網站紛紛出現，大幅利用新法規，例如SeedInvest、FlashFunders、Wefunder等。Wefunder的首頁直切重點：「打破富人的壟斷。富有者享受政府保護的壟斷——投資於高成長的新創公司。現在，人人都能投資於他們重視和相信的事業。」該網站上列出的募資事業種類繁多，從光纖公司到羅迪歐甜甜圈（Rodeo Donut）都有——羅迪歐的標語是：「美味甜甜圈，搭配炸雞和威士忌。」

這些大眾化、去規模化的投資機制，提供個人也能從經濟分得一杯羹的更多途徑，讓利基型小公司更容易募集到資金，順利起步。

現在，區塊鏈技術可能威脅到金融業幫助成長中公司募資的角色。過去一個世紀，公司從我這類私人投資者身上募集到資金，爾後在證交所公開上市，以募集大量資本，為成長浥注資金。首次公開募股（initial public offering, IPO），是藉由出售公司股份給投資人來募集資本。高盛集團（Goldman Sachs）之類的大型投資銀行，制霸了企業IPO的流程；在美國，IPO流程受到高度監管，公開上市集資對公司而言，已經變得成本高昂且麻煩。

2010年代，區塊鏈為公司開啟了一條新的募資管道：首次代幣發售（initial coin offering, ICO）。ICO指的是一家公司對大眾發售「代幣」以募集資金，而不是出售股份以換取資金。這些代幣被儲存在區塊鏈上，可以內植軟體說明內容物是什麼。代幣未必代表公司的股份，可能包含這家公司承諾將提供某項服務或產品給代幣的擁有人（投資人），這類似在Kickstarter平台上募資的模式。

ICO為公司和投資人，創造了很多迷人的可能性。由於區塊鏈基本上透過編程來自我治理，追蹤每筆交易或代幣的流動情形，因此不需要一個股票交易中心。區塊鏈分散於世界各地的電腦上，因此一個ICO是全球性質，沒有任何國家的政府能夠輕易加以監管。一家公司可以把自己的規則編程到它的ICO中，這些規則對所有人來說都是透明的。在美國，現在所有的上市公司必須每季發表財報；反觀，一家使用ICO的公司，可以決定每週發布財務資訊、每年發布，或是從不發布，視公司管理團隊想要如何經營公司而定。投資人都能夠看到這些規則，決定自己是否想要投資這麼一家公司。

我認為，ICO目前處於很早期的發展階段，可能還要再過個十年左右，才能夠成為一種主流的募資管道。2017年上半年，十幾家公司透過ICO募集到約莫15億美元，包括拳擊運動員佛洛伊德・梅偉瑟（Floyd Mayweather）和名媛芭黎絲・希爾頓（Paris Hilton）在內，有不少名人都是ICO的投資人。[7]在此同時，各國政府對大致上仍然不受監管的ICO愈來愈感到不安，例如美國證管會在2017年年中發出警訊指出，ICO可能違反美國證交法；南韓和中國都明令禁止ICO。[8]儘管如此，使用區塊鏈技術的ICO在多年之後，可能對投資銀行、股票交易、政府監管當局，以及創投公司構成顛覆作用。

未來，創投類投資也將愈來愈原子化，將會出現更多種類的投資媒介，讓更多人獲得管道支持更多種類的創業者。跟銀行業一樣，這些通常是大型創投公司永遠無法服務得那麼好的人們與公司，但是去規模化的投資媒介，將能以對各方都行得通的模式，妥善服務利基型市場。廣通育成、紅杉資本（Sequoia Capital）、安霍創投（Andreessen Horowitz）之類的大型創投公司，未來將不會很快消失，但我們的角色將會改變。事實上，我們現在已經逐漸變成更適合跟需要大資本的「大型」新創公司打交道，而那些比較「邊緣」的創業者——不需要太多資金即可起步的創業者，或是公司所在國家或所屬領域不大吸引投資的創業者，或是創業構想看起來真的很瘋狂的創業者——將可能轉向群眾或天使投資人尋求投資。

有一件事是肯定的：伴隨金融業的去規模化，將創造出新類型公司和事業模式的大量商機。我們將需要正確的政策，幫助去規模化的金融業以有益的形式誕生，我將會在本書第三部做出進一步的探討。若一切發展得當，去規模化應該使資金和機會，更均勻分布於整個人口，幫助縮小貧富差距。

金融業的新商機

金融業是一個改革時機已經成熟的全球性產業，從許多方面來看，這個產業還未能趕上行動網路、社群媒體和雲端運算在過去十年間引發的革命，仍是一個巨型機構以主機型電腦和私有網絡來運作的產業。但是，去規模化的力量，必定將會影響金融與銀行業，一如這些力量對其他產業造成的影響。下列是我看出的一些新創業商機。

消費性金融app　銀行其實一直沒有為消費者提供創新的理財方法，現在有許多創新企業進軍這個領域，介入大型銀行和消費者之間。它們基本上使用銀行做為平台，直接和消費者建立關係，例如前文提及的迪吉就是一例。我還看見其他許多例子，例如偉德豐（Wealthfront）和貝特曼（Betterment）這兩家公司，都為消費者提供人工智慧型的理財服務。用戶讓這類理財服務公司進入自己的金融帳戶，人工智慧軟體可以學習他／她的收支型態和財務目標，然後提供理財建議。就如同人類理財專員提供的服務一樣，但人工智慧型理財服務索取的費用，遠低於一般理財專員。

此外，Stash這款app，幫助消費者一次投資一點股票，投資的股票種類，視消費者的性格類型而定，例如有較濃厚社會責任意識的投資人，可能會被引導投資企業社會責任聲譽優良的公司股票。Lenddo這款app，則是仰賴來自社群網絡的資料，取代傳統的信用評分，以評估某人確實償還貸款的可能性。這意味的是，該公司能夠放款給從未開設銀行帳戶，或是沒有信用卡的消費者。截至目前為止，Lenddo的客戶大多位於菲律賓、印度等開發中國家，根據世界銀行的調查統計，全球有超過40%人口沒有開設銀行帳戶，伴隨銀行業去規模化，以及人工智慧透過學習更加了解個別用戶，將有更多金融服務問世，為這些沒有銀行帳戶的人，提供新類型的銀行服務。

另一項新商機則是跟稅務有關。再過十年左右，人人自行處理或雇用會計師代為處理稅務，將變成一件不必要而顯得愚蠢的事。現在，許多人的財務——銀行紀錄、個人退休帳戶、信用卡交易等，幾乎全都數位化，稅務規則是可以編程在TurboTax等軟體中的巨大演算法。現在，人工智慧能夠了解你的財務和稅務規則，自動持續計算出你的稅負，不再是一年計算一次。到了報稅日，你已經確知你的稅負，只須點擊「傳送」鍵，就完成報稅了。

2017年年初，IBM和H&R布拉克稅務服務公司（H&R Block）開始合作，使用華生來幫助布拉克的客戶處理稅務。目前的做法是，由華生幫助指導布拉克的稅務專業人員，這些專業人員再以向來的模式，和客戶共同處理稅務。但我們不難看出接下來的發展：要不了多久，消費者將可自行透過雲端，取得人工智慧稅務服務，報稅專業人員和傳統的稅務軟體，將可能有被淘汰之虞。

商務金融服務　大銀行為大公司提供種種服務，但小型企業難以獲得大銀行的關注，更別提貸款了。去規模化意味的是，創業者可以能夠獲利的模式聚焦於服務利基市場，我們無疑將會看到許多新公司出現，專門為小型企業提供商務金融服務。

前文提及的Fundbox，就是一個很好的例子。該公司使用人工智慧和數位金融資料，快速決定是否讓小型公司以待收款票據貼票融資。Stripe大概是最強而有力的一個例子，它創造出一套能夠幫助世界各地小型公司立即對全球銷售的線上支付系統。總部位於德國的任貸可（Lendico）P2P借貸平台，則是標榜自己是小型企業的「貸款市集」。這個app完全繞過銀行，直接連結需要資金的借款人和任何有錢出借的放款人，過程中使用人工智慧來分析借款人和放款人的可靠性。想想一家小型公司需要的任何金融服務，最後由人工智慧驅動的雲端應用程式，都可能提供很妥善的服務。

數位貨幣　比特幣、以太幣（Ether），以及其他區塊鏈技術的全球性貨幣，在2010年代引起很大的關注。我雖然不相信這類加密貨幣，將在短期內顛覆國家貨幣，但是政策制定者必須加以留意。中國觀察家相信，中國正致力於發展一種可以破壞美元在世界經濟強勢地位的加密貨幣。若加密貨幣被廣為接受，它們可能會取代較小國家的貨幣，或是貨幣不穩定的國家的貨幣。這些將是空前的發展，我們必須了解其潛在牽連性。

除了貨幣，區塊鏈技術讓金錢、信託和契約，都可以被編程在軟體中，以不可竄改的方式，傳送給能在雲端取得的任何人。換言之，錢不會被盜，信託不會遭到竄改或偽造，而契約可以自行監督，若有違約情事，系統將對所有涉及方發出通知。下列的例子，是一家創新企業使用區塊鏈來重新思考「錢」的概念：塑膠銀行（Plastic Bank）的使命，是提供人們足夠誘因進行塑膠垃圾的回收利用，主要是在開發中國家推行，這些國家有大量人口沒有銀行帳戶，而攜帶現金具有潛在風險。

塑膠銀行和世界各地的資源回收中心，以及使用回收塑膠製造產品的公司合作，把整個生態系統和軟體結合起來，打造出一個回收利用塑膠的全球市場。一方面，任何人都可以註冊加入塑膠銀行，主動蒐集塑膠垃圾，賣給塑膠銀行。塑膠銀行將把以區塊鏈技術為底的數位貨幣，匯入他們的雲端帳戶中，他們可以透過手機取用這些「錢」。這些數位貨幣可被用來支付教育、醫療或其他需要的用品，用戶甚至可以到特定的銀行自動櫃員機，把塑膠銀行的數位貨幣轉換成現金，但是不必擁有銀行帳戶。結合這所有的技術──區塊鏈、行動網路、雲端等，將產生許多如同塑膠銀行般富有想像力的創新。

7

媒體業：
你喜愛的內容將會自動找上你

媒體業的去規模化，更甚於大多數的產業，使它成為其他產業可以學習的對象。去規模化的媒體，已經為我們帶來許多新時代的驚奇，例如網飛的隨選電影、Spotify的串流音樂等。但是，去規模化媒體也傷害了新聞業——這是對美國體制很重要的機制——並且引發媒體迴聲室效應，在世界各地導致分裂的政治。現在的媒體可以例示當政策制定者未能周詳思考去規模化的影響性時，可能會發生什麼樣的後果。

在這個世紀，行動網路、社群媒體和雲端等技術，已經在相當程度拆解了媒體。在新聞業，個別文章脫離它們的母刊物，例如《紐約時報》、《新聞週刊》(*Newsweek*)等，擁有自己的生路，例如被刊載於臉書或推特上，賺取原本是母刊物可以賺得的廣告收入。史蒂芬．寇柏特（Stephen Colbert）的滑稽諷刺電視節目內容，經過剪輯後被張貼在YouTube上，和他的深夜秀電視節目區分開來。網飛和葫蘆（Hulu）之類的串流服務，讓訂戶可以選擇在任何時候觀看任何節目或電影，2017年，它們的美國訂戶已經比傳統上把一大堆娛樂綁售的有線電視訂戶還多。[1]在音樂產業，Spotify和Tidal之類的串流音樂服務平台，單曲可從專輯拆分出來單獨銷售。這一路上，網際網路紀元已經誕生了無數的部落格、影音內容、自製歌曲和播客。

不過，人工智慧和去規模化經濟在媒體業的演出，才要剛開始呢！說來也奇怪，無線電廣播事業——這個在媒體業中向來較不吸引人的領域，竟然提供了一個窗口，讓我們一窺人工智慧的力量將可能如何進一步改變新聞和娛樂業，把它從大眾媒體轉變成一人閱聽媒體。未來的發展，有望為媒體業帶來一個既賺錢、又多產的紀元。

電台業的規模化與去規模化

我們先來看看無線電廣播事業以往的規模化。進入這個產業，相當昂貴——取得廣播無線電頻譜、建立無線電塔、購買廣播設備、雇用音樂節目主持人和新聞播報員、建立賣廣告的銷售團隊……這些都得花費很多錢。

一旦電台業主建立了這些，開始營運，在電台訊號涵蓋範圍內，觸及十名聽眾的成本，幾乎與觸及一百萬名聽眾的成本相同。因此，經營無線電廣播事業的賺錢之道，就是製作吸引廣大聽眾的節目，以提高廣告收費。下一步的擴張更佳：增加旗下電台，所有電台使用標準化音樂播放清單，以減少人員的需求，然後把廣告銷售和其他業務部門中央化。

後來，在邁向二十世紀末時，美國的政策改變了，幫助加速無線電廣播事業的規模化。《1996年美國電信法》終結了防止任何公司擴增電台數量，以不當利用規模經濟的法規；在此之前，沒有任何公司能夠擁有超過40座電台。到了2010年代，美國最大的電台廣播集團——愛心媒體公司〔iHeartMedia，前名為清晰頻道傳播公司（Clear Channel Communications）〕，旗下擁有超過1,200座電台。一旦法規准許，規模經濟的誘惑力，就開始發揮作用，帶來一波合併潮。伴隨愛心媒體之類的大公司，追求音樂播放清單的標準化與自動化，電台節目的多樣性便逐漸降低。

不過，就在美國國會通過《1996年美國電信法》不久前，無線電廣播事業已經開始嘗試使用網際網路。1994年，首度有電台把它的廣播節目連上網際網路——北卡羅來納州教堂山市（Chapel Hill）的WXYC FM，讓全球任何地方的任何人，都能夠在電腦上收聽節目。所謂的電「台」，已經不再需要設立無線電塔，只要一個網址（URL）就好，於是數十家新創公司嘗試做起了網際網路電台事業。

1998年，現在美國職籃達拉斯獨行俠隊（Dallas Mavericks）的老闆、電視節目《創智贏家》（*Shark Tank*）的常駐嘉賓馬克·庫班（Mark Cuban），和名氣沒那麼大的夥伴陶德·華格納（Todd Wagner），心生了一個創業點子：把無線電台的大學運動節目放到網際網路上，這樣可以觸及住在數千英里外的球迷。他們共同創立了後來名為Broadcast.com的公司，設立網際網路電台，後來還加入影像類節目，但在那個仍然靠著電話撥接連線的網際網路時代，影像節目的收視品質並不穩定，因此經營得不大好。Broadcast.com引起雅虎（Yahoo）的高度興趣，雅虎在1999年以57億美元的高價買下它。

但是，雅虎沒能經營好Broadcast.com，幾年後關閉了這個事業。網際網路電台在當時沒能產生什麼影響，也沒能賺到什麼錢。在那個年代，網際網路電台無法傳播至車用或手持裝置，廣告客戶不知道誰是主要的節目聽眾。長久以來，廣告客戶習慣至少知道，節目聽眾生活在某個特定的地區，所以可以打廣告推銷當地的餐廳或汽車經銷商，但是面對分布在全球各地的聽眾，廣告客戶不知道該怎麼做。除了網際網路電台當時面對的這些挑戰，那個年代的消費者，也難以找到他們想要的東西，因為網際網路電台的節目太難搜尋了。

所以，網際網路提供了去規模化的前景，有些人很早就看到了這個前景，例如庫班和雅虎的經營階層，但他們無法創造足夠獲利，以及能使去規模化電台事業繁榮生存的商模。為此，新興的去規模化電台產業，需要一種新型的可租用平台。

來自德州的創業者比爾．摩爾（Bill Moore），進入了這個領域。摩爾從加州大學柏克萊分校取得企管碩士後，在銷售軟體給電信業公司的效率網絡公司（Efficient Networks）工作了幾年。大約在2002年，他心生一個創業構想——為電台打造一個類似TiVo那樣的數位錄影機，可以編程錄下、儲存任何電台節目。但是，這個事業構想，馬上凸顯了電台的搜尋問題，當時沒有好方法可以在線上搜尋電台內容。

谷歌搜尋引擎能夠爬搜文字新聞報導裡的文字，提供搜尋結果；連上有線電視的數位錄影機，能夠查詢電視節目的表單，知道要錄下什麼節目。但是，電台少有表單，因為電台的內容是口語和音樂構成的，搜尋引擎無法爬搜。若你正在找尋會在特定日期播放特定種類音樂幾個小時的某種電台，嗯……只能祝你好運囉，因為根本無法可找。於是，電台卡在過去的年代，似乎是一種和網際網路有點脫節的媒體。

為了應付其中一些挑戰，摩爾創立了「電台時光」（RadioTime），雇用世界各地的自由接案者，協助輸入當地電台的資訊，以及它們的節目內容。然後，他把這些資訊放進軟體，消費者可以在個人電腦上安裝這個軟體。用戶可以輸入如「NPR's *This American Life*」——美國國家公共廣播電台的《美國生活》節目，軟體將找到下一個即將播放這個節目的電台，然後錄下節目，儲存在硬碟裡。這實際上就是摩爾為電台打造的TiVo。

不過，「電台時光」這項產品並不成功，但摩爾持續精進他的事業概念。他開放「電台時光」的app介面，讓其他開發者可以用來打造服務，或是改造成消費性影音服務。蘋果iPhone在2007年問世，行動網路進步至寬頻速度，使高品質的網際網路電台也變成可攜帶的形式，這下獨立電台可以租用規模，和大規模的無線電廣播公司競爭。2010年，摩爾將公司遷至矽谷，改名為TuneIn。

接下來幾年，TuneIn演進成猶如電台業中的網飛，在該平台上可以搜尋到全球各地數萬家電台的資料，app用戶能夠找到並收聽任何電台的內容。TuneIn還取得了大聯盟運動的廣播權，到了2016年，它已經成長為擁有6,000萬名用戶。用戶幾乎可以在任何時候、在任何地方，包括在車上、工作場所、家裡和行進間，使用TuneIn尋找並收聽任何電台內容，而且品質和傳統電台相近。一家小眾型電台可以仰賴TuneIn的平台，找到並服務一個利基市場——在全球各地有同好的聽眾，搶走部分原本屬於愛心媒體公司等電台業巨擘的聽眾。就像網飛使用資料和人工智慧，協助公司判斷應該投資製作什麼節目，TuneIn也根據人工智慧對聽眾的分析結果，決定製作一部分的內容。

這引領出一波去規模化革命，新科技使得網際網路電台，可以取得一個競爭優勢：地面電台對每位聽眾所知甚少，但TuneIn在取得了大量用戶的個人偏好資料，由人工智慧軟體分析這些資料之後，將能有效對用戶做出推薦。就像亞馬遜網站能夠告訴你，若你喜歡這種刀子，那你可能也會喜歡這種湯匙，或是像網飛那樣，根據你以往觀賞的電影，向你推薦其他電影。由此，TuneIn能夠幫助獨立的小型電台，更準確觸及熱情的聽眾，幫助電台更了解誰是聽眾，這能有效幫助網際網路電台首度能夠賺錢。

TuneIn的現任執行長約翰·唐翰（John Donham）表示，在未來幾年，這將為網際網路電台創造一個良性循環：「數位電台的內容品質將會大幅提升，使得地面電台的內容品質相對失色。當電台業真正轉型為一種線上媒體時，我很難想像，地面電台還能繼續是語音直播的主幹。」[2]凱茲媒體集團（Katz Media Group）的策略長史黛西．林恩．舒爾曼（Stacey Lynn Schulman），在電台業雜誌《電台印刻》（*Radio Ink*）中，對地面電台提出的忠告，呼應了唐翰的這個觀點。她在文中寫道：「最成功的音訊編程師，將設法把類比電台提供的最佳內容，以及數位環境的可攜性，與個人化結合起來。」[3]那些追求盡可能對最多人提供最小公分母節目的大型電台公司，將愈來愈難與提供專注型優質節目的頻道抗衡。

現在發生在電台業的情形，與媒體業在百年規模化的發展後，因為新科技和產業的發展，現在也必須歷經拆分重組的情形一樣。

綜觀媒體業的規模化

二十世紀初期，「媒體」這個名詞主要指的是「報紙」。美國發行的報紙種類數，在1909年達到2,600種，[4]幾乎全都是獨立報業——小公司和家族事業，每一種報紙源於一座城市或鄉鎮。在紐約，1900年時有超過15種日報，包括《紐約時報》、《紐約美國人》（*The New York American*）、《每日鏡報》（*Daily Mirror*）、《世界報》（*The World*）、《太陽報》（*The Sun*）、《紐約新聞報》（*New York Journal*）等。今天，紐約市只剩下《紐約時報》、《紐約每日新聞》（*Daily News*）、《紐約郵報》（*New York Post*），除非你把總部位於紐約的全國性報紙《華爾街日報》（*The Wall Street Journal*）

也算在內。現在，多數美國城市只有一種報紙。

當時的新技術——有效率的電動自動印刷機，為報業啟動了規模經濟。赫曼・瑞德（Hermann Ridder）是主要推動者之一，他出生於紐約的德國天主教家庭，在經營一份德語報紙及一份天主教報紙時，他發展出一種突破性的印刷機，並於1911年，創立了國際排字機器公司（International Typesetting Machine Company），製造名為「整行排鑄機」（Intertype）的印刷機。第一台整行排鑄機於1912年安裝於《紐約商業日報》（*The New York Journal of Commerce*），這種機器成為接下來數十年最重要的報紙印刷機之一。

這種印刷機使得單一公司，能夠在更短時間內，印刷出更多的報紙，派送給更大的讀者群。更大的讀者群，將為報社賺得更多廣告和訂閱收入，改善經營報紙與雇用記者和編輯的經濟效益。吸引更多訂閱者的途徑，就是刊載吸引大眾的新聞內容，因此新聞編輯部尋求報導更廣泛、更多人感興趣的主題，開始匯集一個城鎮可能覺得有用、有趣的種種新聞，包括運動、商業、政治、犯罪、連環漫畫等。

能夠擴大規模的報紙，具有相對於未能擴大規模的報紙的競爭優勢。到了1920年代，眾多未能擴大規模的報紙，慘遭淘汰或被購併，而成功的報紙則是成長得更大。根據《哥倫比亞新聞評論》(*Columbia Journalism Review*),自1919年到1942年間,美國的報紙種類數減少了14%,儘管在這段期間美國人口增加了29%。在競爭中存活下來的報紙,發行量激增;媒體規模化的時代,正如火如荼進行。[5]

二十世紀上半葉,相同的變化發生在每一種媒體。第一個取得聯邦政府發照的商業電台——賓州匹茲堡的KDKA電台——在1920年開播。美國國家廣播公司(NBC)在1926年開播其全國廣播網;一年後,哥倫比亞廣播公司(CBS)開播。廣播網的概念是,聽眾群愈大,經濟效益愈佳;為了取得更廣大的聽眾群,就必須迎合大眾口味,不論是報導新聞、棒球賽,或是播出受歡迎的劇集,例如《獨行俠》(*The Lone Ranger*)等。

接下來是電視。1928年,第一個實驗性電視台W2XB,在位於紐約州斯克內塔蒂(Schenectady)的奇異電氣公司廠房中開播。十一年後的1939年,美國國家廣播公司的正規電視服務開播,播送的是小羅斯福總統(Franklin D. Roosevelt)在紐約世界博覽會上演講的畫面。從此,美國消費者快速、大量地擁抱電視。1941年,美國約有7,000台電視機;1950年,已經成長到了近1,000萬台;到了1959年,美國家庭與企業中的電視機高達6,700萬台。[6]在電視業,依然是大眾市場和規模經濟當道，電視節目瞄準最廣大的觀眾，製作《我愛露西》（*I Love Lucy*）之類安全的搞笑喜劇，播送棒球和拳擊之類受歡迎的運動，電視新聞則是追求無黨派、客觀的報導，以迎合每一個人。

到了二十世紀下半葉，電視、電台和報紙，幾乎普及了每個美國家戶。此時，通往更大規模經濟的途徑是合併，公司旗下擁有更多的報紙、電視台或電台，代表公司就能夠利用規模經濟，更有效率地把觸角延伸至不斷成長的大眾市場。為防止少數幾家公司擁有過多媒體而制定的管制法規逐年鬆綁，到了2000年，幾乎所有這類管制法規全都消失了。

赫曼．瑞德創立的一家報業公司，在1974年和奈特家族創立的一家報業公司，合併成為奈特瑞德報業集團（Knight-Ridder），一度是美國最大的報社。由法蘭克．甘內特（Frank Gannett）在1906年創立於紐約州埃爾米拉市（Elmira）的甘內特公司（Gannett Company）展開瘋狂收購，到了1979年，該公司旗下擁有78家報社，遍布全美各地，現在該公司旗下有上百家報社。愛心媒體公司收購了幾百家電台，電視業同樣也出現了合併風。此外，許多公司收購報社、電台和電視台，形成巨大的媒體集團。1983年，美國媒體業所有權分屬於約五十家公司；到了2012年，持續合併已經使超大媒體業者的數目縮減至少數幾家，包括康卡斯特（Comcast）、迪士尼（Disney）、維亞康姆（Viacom）、新聞集團（News Corp.）、時代華納（Time Warner），以及CBS公司（CBS Corporation）。2010年代似乎是規模化媒體巨擘的鼎盛時期。[7]

但是，人工智慧與去規模化經濟，也從2010年代開始，讓大媒體公司的高階主管感覺頭疼。

媒體業的去規模化

自2007年起快速發展的行動網路、社群媒體和雲端運算等技術，為去規模化媒體開啟了大門。

報紙匯集了許多不同主題的報導和五花八門的廣告，為廣大讀者提供一種套裝產品。Craigslist和Monster.com之類的網站，搶食報紙的分類廣告。部落格和聚焦型新聞網站，例如創立於2007年的政治新聞網站政治人（Politico），以及創立於2009年的商業新聞網站商業內幕（Business Insider），開始搶走喜歡看更多特定主題報導的利基型讀者。

更聚焦型的線上渠道，一點一點地扯掉報紙綑綁在一起的區塊，然後是社群媒體——尤其是臉書，把個人故事從印刷新聞媒體渠道拉走，人們可以在社群媒體上張貼自己的故事給親友觀看。臉書的演算法，能夠學習你喜歡閱讀什麼類別的故事，然後從各種源頭找來這些類別的新聞，匯集起來，提供給你，提供完全只迎合你一人市場的服務（這有好處和壞處，見後文討論。）

這些早期的去規模化，成為傳統平面新聞業者的經濟夢魘，廣告流失，股價重挫，紐約時報公司2017年的股價，跌到不及2002年高點時的一半。根據皮尤研究中心，在2014年，平面和線上媒體公司合計雇用的新聞工作者，比二十年前少了兩萬人。光是2016年，就有四百家報社融資收購或裁員，而且這種趨勢沒有減緩的跡象。本書的合著作者曼尼，親身經歷了這種轉變，他為《今日美國報》（*USA Today*）持續撰稿了二十二年，在2007年離開，當時為該報開始進行多回合融資收購及裁員的第一回合前。[8]

電視不再像以往那樣支配大眾市場觀眾了，不僅觀眾分散於利基型有線電視頻道，新科技也讓網飛和亞馬遜網站等公司，以隨選節目和無線電視競爭。在YouTube平台上，任何人都可以在自家臥室製作節目，張貼給全球各地的人們觀看，其中一些頂尖者的觀看人次，比傳統電視台的情境喜劇觀眾還要多。比方說，莉莉．辛格（Lily Singh）的「超女」（Superwoman）頻道推出了許多搞笑影片，例如《為何胸罩很恐怖！》（“Why Bras Are Horrible!”），截至2016年年底，這個頻道有1,030萬個訂閱者，每年賺進750萬美元。[9]

影音內容——不論是電影長片、直播運動賽事、新聞或自製小品，現在都已經和電視台脫鉤，你可以在智慧型手機、平板電腦或筆記型電腦上觀看。皮尤研究中心的調查發現，在智慧型手機的持有者當中，曾經用手機付費訂閱網飛或葫蘆等服務，來觀看電影或電視的比例，從2012年的15%，增加到2015年的33%。[10]

前文提過，我在2012年，首次和Snapchat的創辦人見面（其母公司為Snap）。這款app讓用戶傳送的照片，在很短的時間自動消失，它的事業模式建立於一個概念上：讓我們所做的每件事都生成資料，這是很不自然的事。在網際網路問世前的數千年間，一段談話結束後，這段談話就立刻消失了，沒有裝置記錄你去了什麼地方、在何時讀完報紙，報紙也不知道你讀了其中哪些報導。

Snapchat使我想到，私人的交流理當如此，這也是我的一大頓悟時刻；我了解到，如同前文所述，科技最終將適從我們，而非我們去適從科技。在媒體業，這點現在變得很重要。長久以來，我們習慣於順從媒體的傳播方式，你必須安排好時間，在你喜歡的電視節目播出時間守在電視機前，或是只能等到早上報紙送達時才能讀新聞，並且自己過濾掉不關心的內容，找到關切的報導，這些都是不大自然的模式。邁入網際網路時代，網飛或臉書之類的許多媒體渠道，取得大量有關於你的資料，能夠提供更多你可能想要的東西，但這種模式也不是很自然。在網際網路問世之前，你可不需要放棄隱私，方能獲得款待。

因此，若Snapchat提供了一種私人通訊交流的自然方式，它也可以成為一種更自然的媒體服務模式──在你想要的任何時候提供服務，不追蹤你的媒體使用習慣，因此重新定義行動裝置上的媒體服務。它逐漸變成一種利基型服務，有線電視新聞網（CNN）、《經濟學人》（*The Economist*）、Vice媒體（Vice Media）等媒體公司，都付費給Snap，登上其平台。Snap並不是靠銷售廣告來賺錢，而是把它的平台出租給想要觸及那些不想被追蹤的年輕行動觀眾的媒體公司。截至本書撰寫之際，Snap在全球擁有1億6千萬個活躍用戶，它雖然仍處於虧錢狀態，但它的平台仍處於發展初期，我相信它很有可能逐漸變成一間重要的公司。

一次一步，一個又一個平台，媒體業把規模化當作競爭優勢，這種情況將因為2007年後的新科技發展而改變；媒體業也正在原子化。小型、聚焦於服務特定顧客的新創事業，可以建立於YouTube、TuneIn或Snap等全球平台上，為以往沒有多元化的選擇，只能從媒體巨擘取得大眾市場產品與服務的利基型顧客提供服務。未來十年的創新科技，將會創造全新的媒體業商機。

人工智慧將在媒體業扮演愈來愈重要的角色，幫助消費者精準找到他們想要的新聞或娛樂，把每則新聞或娛樂引導至有興趣的消費者面前。人工智慧好比網飛的類固醇，大約從2017年開始，網飛會根據用戶以往觀看的電影或節目，以及用戶的評分，為用戶推薦其他的電影或節目。如前所述，網飛也蒐集用戶觀看習慣的資料，以幫助公司決定製作什麼內容。而且，網飛顯然精於此道，公司股價在2012年約為每股12美元；到了2017年年中，已經上漲到每股約為150美元。亞馬遜和其他串流服務公司，現在也正在仿效網飛的策略。

伴隨更多內容的消費發生在線上，消費者的每一個媒體選擇，都變成一個資料點。軟體能夠知道誰在觀看什麼、在何處觀看，甚至能夠知道他們一邊觀看，一邊正在做什麼事。這種趨勢引發爭議的一個極端情況是，有家名為電視視覺洞察（TVision Insights）的公司，能夠使用電視機的攝影鏡頭，監視正在觀看電視的人，了解在廣告時段，這個人是否去滑了手機，以及在觀看節目時，這個人是否微笑或皺眉，然後把這些資料回傳給廣告客戶和節目製作人，幫助他們製作高度瞄準的節目與廣告。雖然觀眾必須先選擇「同意」，該公司才能夠蒐集這些個資，但相關技術的存在已經引發疑慮，可能有公司或機構在你不知道的情況下，侵犯到你的隱私。

在人工智慧驅動媒體的世界，我們想要的媒體將會主動找上我們，縱使是某個在其他大陸製作、沒什麼名氣的節目。人工智慧將會非常了解我們，只提供我們真正喜歡的內容，節目將會在我們想要使用的裝置上等候我們，甚至可以配合我們的時間和所在地，因為手機上的GPS都知道我們身處何地。

媒體將精準地針對一人市場觀眾選集內容，那些把各種內容捆綁在一起的廣電網、頻道或報紙將不再合宜，我們將會愈來愈想獲得人工智慧提供的精準型內容服務，人工智慧將能從各種媒體中揀選最合適的內容，匯集出只針對單一個人的個人化「頻道」。不過，這也引發了一些疑慮，因為我們最終可能把自己鎖在封閉的資訊塔裡，不再和大眾市場共享媒體體驗，但這究竟是好是壞，端看你個人的觀點而定。可以確定的一點是，媒體消費者對於內容，應該會感到更滿意，因為他們得到的將會是他們喜歡的，但這也可能導致前述的資訊封閉。

人工智慧將是媒體獲利的關鍵之鑰。現在，線上最有價值的廣告，是精準度最高的廣告。廣告主願意對臉書或谷歌上的廣告支付更多錢，因為它們可以從你在線上的活動中學習，更加了解你，然後對你放送你可能會想要看到的廣告。使用人工智慧的媒體平台，將把這種發展推向下一個層次。若你選擇讓媒體從你的線上與線下活動取得資料（物聯網裝置可以取得你在線下活動的資料），你將只會看到你可能會喜歡或想要的產品廣告，也只會看到那些可能對你起作用的廣告。比方說，若搞笑型廣告比較能夠引起你的反應，人工智慧就會為你播放這類廣告。

當廣告愈能迎合你，廣告主就愈願意支付更多錢。因此，一家新創事業可以在車庫，製作一個吸引特定利基觀眾的電視節目，然後在人工智慧型媒體平台上供應，精準觸及這個觀眾群，從尋求精準瞄準客戶群的廣告主那裡賺到錢，然後再製作出更多樣化、可以賺錢的內容。目前，TuneIn就在朝這個方向發展——創立一個可供租用的人工智慧型平台，幫助網際網路電台準確找到利基聽眾，使廣告主願意付錢觸及目標客群；這是新媒體時代的一項重要徵兆。

在這種媒體市場上，規模化媒體將會失去競爭優勢，因為人們只想要獲得自己最有興趣的娛樂和新聞；針對個人喜好提供的內容，往往贏過那些旨在吸引最廣大閱聽人的大眾市場節目。當然，一定還會有一些吸引大眾市場的內容，例如美式足球超級盃或奧斯卡金像獎頒獎典禮等。但是，百萬人觀看乏味情境喜劇的年代早已過去；老實說，在那個年代，觀眾也只有那樣的節目可看。未來，在大部分的時間，我們都將各自縮在自己的媒體泡泡裡。大型媒體公司的觀眾，將會被愈來愈多的媒體新秀搶走；傳統的傳播渠道如電視網，將持續不敵Snap、網飛或YouTube等平台。

由人工智慧策展的個人媒體泡泡的概念，引發了一項非常重要的課題。川普在2016年當選美國總統，顯露的是一個嚴重分化的國家，而2010年代的媒體業發展與結構，則是造成這種分化的一大主因。當規模經濟主宰新聞媒體業時，大型媒體為最廣大的市場製作中立性新聞，自然符合經濟利益。但是，當去規模化經濟當道，新聞媒體分裂林立時，比較好的事業模式是瞄準一小塊區隔的熱情觀眾，迎合個人偏好，從中立的大眾市場新聞媒體搶走觀眾。

福斯新聞頻道（Fox News）和布萊巴特新聞網（Breitbart News Network）都在進行這類操作，而且像布萊巴特新聞網這樣具有高度黨派傾向的媒體崛起，也顯示許多民眾對傳統主流媒體失去信心。2016年，一項蓋洛普（Gallup）民意調查顯示，只有32%的民眾信賴主流媒體。[11]川普總統在2017年，繼續抨擊主流媒體為「假新聞」，試圖貶低它們的信譽，至少意圖使他的忠誠支持者遠離這些媒體。截至我在撰寫本文的2017年年中，仍然難以研判這股趨勢是否將會持續，或是會因為相反趨勢而停止。

無疑地，去規模化將繼續把人們導向較狹窄、較偏頗的媒體，也將繼續驅動媒體創業者創立新型態的媒體，瞄準熱情的利基觀眾。我們都會覺得自己獲得個人化量身打造的新聞，但每個人獲得的新聞都和其他人的不同。無可避免，這些泡泡有可能將使我們更難跨越分歧，無法妥善進行交談。若是這幾年的相關發展是序幕，那麼政治將可能繼續分化，攪亂規模化的大型政黨——這到底是好是壞，也端看你個人的觀點。

媒體業的新商機

媒體業的去規模化早於多數產業，第一波去規模化開啟的商機，是新種類的聚焦型新聞網站，例如政治人和話題網（BuzzFeed），以及新型態的資料導向型娛樂公司，例如網飛和葫蘆，還有提供音樂服務的許多新模式，例如iTunes和Spotify。媒體業的下一波新商機，可能是以人工智慧技術為基礎的服務；在未來幾年，將是以虛擬實境和擴增實境技術為基礎的服務。

人工智慧平台 TuneIn演進成為一個人工智慧型平台，讓個別媒體透過平台去規模化，以可獲利的模式服務利基顧客。如前所述，人工智慧能夠學習個別消費者的喜好，也能夠掌握內容創作者的品味，設法為世界各地的消費者，提供他們真正想要、廣告主也願意付費的精準內容。TuneIn為電台業者做了這件事，網飛以自己的方式為電視劇做了這件事，在扮演串流平台的同時，也讓節目製作人能夠觸及正確的觀眾。

我相信，我們將持續看到人工智慧型的新聞、音樂、書籍、遊戲和任何種類內容的平台不斷地出現新商機。亞馬遜的Echo，是一種像音箱的家用裝置，能夠對Alexa發出的語音指令做出反應。Echo就是一種新型平台，驅動創新創業者實驗語音新聞、音樂、有聲書籍和其他資訊的遞送。而谷歌、三星、蘋果和其他公司，也急於迎頭趕上。至於福特和其他汽車製造公司，現在則是把無人駕駛汽車，想像成一個在路上跑的新型平台——人們可以在車上觀看電影，或是透過人工智慧選擇採用當地的媒體服務。我們現在正處於人工智慧型媒體平台時代的開端，未來無疑將會出現一些令我們大開眼界的新平台。

虛擬實境　虛擬實境技術領域的一個主要發展方向，將是身臨其境的沉浸式娛樂（immersive entertainment）。伴隨虛擬實境技術的精進，將會有聰明人士想出，如何製作出讓我們參與其中、而非純粹當觀眾的電影；將會有聰明人士想出，如何推出使用虛擬實境技術的運動直播節目，使我們猶如參賽者般在場上體驗；也將會有聰明人士想出，如何讓我們和U2樂團或碧昂絲，一起站在虛擬實境的舞台上，和樂隊一起忘情演出。

不過，前述這些都屬於個人的封閉式體驗，當虛擬實境變成一個開放式平台時，那才真的有趣！這種開放式平台更像網際網路，你可以漫遊其上，就像在真實世界中一樣。虛擬遊戲《第二人生》(*Second Life*)的設計者菲利浦・羅斯戴爾(Philip Rosedale),正努力把他新創的虛擬實境事業高傳真公司(High Fidelity, Inc.),發展成虛擬實境網路平台。在這樣的虛擬實境世界中,在一家線上商店購物的體驗,就像介於在一家實體商店走道上行走,以及在亞馬遜網站或威菲兒家具網站(Wayfair)上購物的體驗。想像你在現今的網際網路上能做的所有事情——工作、社交、學習、購物等,在結合虛擬實境的技術之後,感覺就像在真實世界中做這些事。

擴增實境 再過十年,擴增實境可能變得比虛擬實境更為有趣。為了創造出新型娛樂,擴增實境的技術必須持續精進。目前,要開發出能夠無縫接軌,將活動影像與真實世界完美結合的擴增實境技術,有相當的難度,但開發者充滿了各式各樣的好點子。我們可能會看到某家新成立的擴增實境媒體公司,把公眾人物(例如前總統、知名作家、頂尖學術界人士等)的性格、習性和談話編程成擴增實境,讓用戶可以和他們共進晚餐。未來,也許將會有電影或電玩遊戲,融入你家的房子或街坊做為場景。或者,你可以想像一個烹飪節目,使用擴增實境技術,和你家的廚房相互結合。使用擴增實境技術,還可以讓任何種類的指導者,就像真的在你的身旁一樣,教你彈吉他或滑雪,宛如你聘用了私人教練。這些都是去規模化的媒體可以如何以自動化且能夠賺錢的方式，朝向一人市場發展的例子。

目前，我們可以看到一些很酷的早期實驗。例如，有個開發者在北卡羅來納州的一棟房子，建立了一款懸疑謀殺遊戲。玩家可以將智慧型手機當成夏洛克·福爾摩斯（Sherlock Holmes）的放大鏡，在房子裡面尋找透過擴增實境技術放入的線索。[12]類似這樣有趣的研發，可以把人類互動和虛擬技術結合起來，推出很多新奇的產品。

將媒體業的種種發展結合起來，媒體業的去規模化助長了大眾市場消費性產品的去規模化，這將是下一章的主題。

8

消費性產品業：
你買的都是你真正想要的東西

到了2010年時，行動網路、社群媒體和雲端平台，以及能夠租用這些平台來立即擴大規模，這些已經使創業者意識到，在任何商業領域，都可以創立新的去規模化公司。是以，一群沒有資金或經驗的研究所學生認為，他們可以挑戰強大的消費性產品全球巨擘，顛覆購買一副眼鏡的體驗。他們的構想，孕育出眼鏡電商華比帕克（Warby Parker）。

華比帕克的共同創辦人尼爾·布魯曼泰爾（Neil Blumenthal），其實並非眼鏡業的菜鳥，在大學時主修國際關係和歷史，獲得研究獎學金，前往薩爾瓦多，在那裡為社會企業視力之春（VisionSpring）推廣其慈善事業模式。視力之春在開發中國家訓練「視力創業者」，讓他們前往全國各地為人們檢查視力，並且銷售一副不到4美元的眼鏡。布魯曼泰爾幫助這些流動型創業者，把銷售的工作做得更好，甚至前往中國尋找更便宜的眼鏡供應商。

後來，布魯曼泰爾進入華頓商學院的企管碩士班，在那裡結識了大衛・吉爾鮑瓦（David Gilboa）。吉爾鮑瓦曾經是醫學院預科生，後來在私募基金貝恩資本公司（Bain Capital）和艾倫公司（Allen & Company）工作過。在進入華頓商學院的不久前，他把一副花了700美元購買的普拉達（Prada）眼鏡，遺忘在飛機座椅前方的置物袋。

想起他口袋裡那支花了200美元購買的iPhone，吉爾鮑瓦回憶：「我得花這支手機三倍多的價格，去買一副新的眼鏡，實在沒有道理。」進入華頓商學院後，吉爾鮑瓦向布魯曼泰爾和另外兩個同學安德魯・杭特（Andrew Hunt）與傑弗瑞・雷德（Jeffrey Raider）講述了這個故事。〔雷德後來使用相似於華比帕克的事業模式，創立了線上男性刮鬍用品專賣店哈利氏（Harry's）。〕吉爾鮑瓦接受《快速企業》（*Fast Company*）雜誌訪談時回憶道：「我們開始談論為何眼鏡那麼貴，然後我們對拉克薩蒂卡集團（Luxottica Group）有了一些了解。」[1]

拉克薩蒂卡集團就是那種典型的二十世紀傑出企業領導人建立的公司，李奧納多・戴爾・維奇歐（Leonardo Del Vecchio）於1961年在義大利北部一座城鎮創立了拉克薩蒂卡，製造眼鏡零件。他自1967年起開始銷售整副眼鏡，幾年後，開始為其他品牌代工製造眼鏡。維奇歐是垂直整合和規模經濟的信仰者，因此他在1974年，買下一家眼鏡通路公司，把他的產品銷售到市場上，並且和設計師品牌簽約合作。維奇歐也購買零售店，他的策略是在這個領域打造出一家最大的公司，對最大的大眾市場銷售眼鏡，盡可能囊括愈多的顧客，這樣他就能對固定成本做出最大利用，使拉克薩蒂卡變得比任何規模較小的競爭者更有效率，建立出絕對的優勢。

到了2000年代，拉克薩蒂卡集團已經在這個年度銷售額高達650億美元的產業取得宰制地位，製造與銷售亞曼尼（Armani）、歐克利（Oakley）、雷朋（Ray-Ban）、普拉達、香奈兒（Chanel）、DKNY等知名品牌的眼鏡，並且經營亮視點（LensCrafters）、配爾視（Pearle Vision）、太陽眼鏡屋（Sunglass Hut）、標靶光學（Target Optical）等眼鏡連鎖店。

2017年年初，拉克薩蒂卡集團再次對規模化方法加注，以490億美元收購法國眼鏡製造商依視路（Essilor），然後改名為依視路拉克薩蒂卡（EssilorLuxottica）。在眼鏡業，拉克薩蒂卡集團成為迎合所有人的大師，在規模致勝的年代，強權就是這樣建立起來的，這得花上數十年的時間，創造出一種競爭優勢，因為挑戰者得花很長的時間，才能壯大到具有足夠的挑戰力。

此外，拉克薩蒂卡集團也深度投資於打造一種取得眼鏡的消費者體驗，這種使用較老的實體平台（例如路邊商店或購物商場）打造的體驗如下：首先，你得讓眼科醫生或驗光師為你檢查眼睛，取得配鏡處方箋，然後前往位於購物商場的商店試戴鏡框，為鏡框和鏡片下單，幾週後，再回到這間商店，領取你的新眼鏡。

在拉克薩蒂卡集團持續擴大規模，並且投資於打造端對端消費體驗之際，科技業正在建造強大的數位平台，包括網際網路、行動網路、智慧型手機、社群媒體、數位支付系統、雲端運算、開放源碼軟體和全球代工製造商，這些平台中的每一者，讓幾乎任何人或公司能夠取得拉克薩蒂卡在過去必須自行建立的能力。舉例來說，拉克薩蒂卡必須發展全球零售連鎖店，以對巨大市場銷售眼鏡；但網際網路、行動網路、雲端運算和數位支付系統等結合起來，使華比帕克之類的新秀，能夠創立一家線上商店，在一夕之間改變賽局。

這就是眼鏡電商華比帕克所做的事，它的事業核心概念是：在線上銷售精選的設計師風格時髦眼鏡，售價只有吉爾鮑瓦遺失的那副普拉達眼鏡價格的一小比例；顧客可以挑選五副鏡框試戴，把不中意的寄回，類似網飛郵寄DVD的模式。（該公司最終開始設立實體商店，讓人們可以瀏覽眼鏡。）華比帕克利用種種的新平台，用極低的成本在網際網路上開店，對任何地方的任何人銷售。臉書和谷歌提供管道，讓華比帕克以遠低於購買電視或雜誌廣告版面的成本找到顧客，也讓顧客找到華比帕克。

華比帕克可以把它的業務掛在雲端，不需要購置伺服器或租用一個資料中心；它可以雇用代工製造商，生產大量的華比帕克鏡框。當商務移到線上後，就能生成資料。拉克薩蒂卡可能需要做市場研究，以了解顧客想要什麼，但華比帕克卻能持續不斷地從線上商店獲得反饋資料，將產品瞄準都會年輕世代的市場。拉克薩蒂卡可以取得有關商店賣出什麼的資料，華比帕克則是取得有關個別顧客購買什麼的資料，甚至還有他們在網站上看了什麼、但沒購買的資料。這種深入的顧客資訊，幫助華比帕克知道，哪些設計最吸引它的目標市場，後來當他們開始設立實體零售店時，來自網站的資料也幫助他們知道該在何處設店（使這些商店靠近華比帕克顧客稠密之地），以及在這些商店的貨架上，應該陳列哪些款式的眼鏡。

華比帕克藉由租用規模、而非自己建立與擁有規模來發展事業，並在瞬間搶食拉克薩蒂卡全球市場的一部分，由此可以看出去規模化的力量。華比帕克可以租用亞馬遜網路服務和微軟蔚藍（Microsoft Azure）雲端服務的電腦運算能力，租用亞洲代工製造廠的生產設備，租用網際網路和社群媒體的消費者通路，租用優比速和美國郵政服務等的遞送服務。現在，華比帕克能夠以不到八百名員工，成功地與一家老牌公司競爭，截至本書撰寫之際，該公司身價超過10億美元，已經穩固立足時髦眼鏡市場。

華比帕克正在改變消費者與品牌之間的關係，這是一股趨勢。在消費者難以取得資訊的年代，品牌的創造是為了傳達有關產品的資訊，但在現今這個超網路和資料滿盈的時代，已經沒有理由去做大眾市場品牌行銷。我們能夠找到從未聽聞的廠商所生產的一個小機件、一件襯衫或一根曲棍球桿；我們能夠點閱其他消費者的評價，在谷歌上搜尋一家公司，在社群媒體上詢問關於這家公司的資訊。當我們能夠取得有關小規模產品的更多資訊，就會放心尋找購買這類非知名品牌的獨特商品，讓華比帕克這樣一家公司，有機會和拉克薩蒂卡競爭。

誠如伊塔瑪・賽門森（Itamar Simonson）和埃曼紐爾・羅森（Emanuel Rosen）在合著的《告別行銷的老童話》（*Absolute Value: What Really Influences Customers in the Age of (Nearly) Perfect Information*）中所言，這一切帶來了社會性轉變。[2]我們以前想要別人擁有的品牌產品，但現在我們轉向大眾個人主義（mass individualism），想要沒人擁有的東西。這使得大品牌面臨了大量奇特非品牌的競爭威脅，Airbnb獨一無二的民宿，對希爾頓飯店構成競爭威脅；小型啤酒釀造廠侵蝕了百威啤酒的市場；藝特色（Etsy）平台上的珠寶製作者，正努力在和蒂芬妮（Tiffany & Co.）搶生意。華比帕克正好搭上了這股趨勢，不是只有吉爾鮑瓦開始思忖，是否值得為了「普拉達」這個品牌的名氣，花費700美元去購買一副眼鏡；和網際網路一起成長的整個世代，也有這種思想，而這使得消費者對去規模化的產品與服務敞開心胸。

去規模化經濟，正在大幅改造消費者的體驗。你可以看出向華比帕克購買眼鏡，是多麼不同的一種體驗。你在線上訂購，眼鏡遞送到你家，你在家裡試戴，選出你想要的，只要花100美元，就可以買到外面可能售價700美元的一副眼鏡，而且在過程中，沒有傳統的廣告與行銷。你當然仍然需要先檢查視力，但就連這部分的體驗，也在改變中。包括Opternative在內的一些新創公司，現在提供線上驗光服務，讓你取得配鏡處方箋。把這種線上驗光和華比帕克的線上購買眼鏡體驗結合起來，取得眼鏡的整個流程，將完全繞過拉克薩蒂卡所打造出來的一切。拉克薩蒂卡利用規模經濟，在其年代勝出；華比帕克則利用去規模經濟，在新紀元致勝。

消費性產品業的規模化與去規模化

過去數百年，消費者市場是全球最強大的經濟力量。

2017年，全球消費者的存貨與服務總消費額約為43兆美元，約占全球GDP的60％。[3]在美國，11.5兆美元的消費者市場約占GDP的71％。二十世紀的規模經濟創造出大眾市場消費主義，在此之前，並不存在大眾消費者市場。

1900年代初期推出的技術平台，在創造和服務大眾市場方面，扮演了極重要的角色。全國性電台和電視網的誕生，為公司提供了打廣告觸及幾乎每個消費者的管道。公司用相同的廣告，強力席捲每一座城鎮；廣告必須盡可能直白，以有效訴求各種人。汽車和卡車的問世，以及公路系統的擴展，讓大眾市場產品可被快速遞送至各地商店。消費者可以驅車前往商店和購物商場，購買廣告說服他們相信自己想要的產品。大規模電氣化貫穿了這些發展，為電台和電視供應電力，讓商店能夠亮燈營業，幫助組裝線自動化，為突破性產品的研發開啟了各種全新的可能性，例如吸塵器、電鑽、現代火車等。

二十世紀下半葉，運輸、大眾媒體、通訊等技術平台，支撐超市、麥當勞、7-11和沃爾瑪（大眾市場消費主義的典型）誕生。大型的全國性或全球性商店，需要能夠大量生產大眾會購買的產品的大型供應商供貨，因此力量轉移至寶鹼、安海斯—布希（Anheuser-Busch）、耐吉、索尼（Sony）、拉克薩蒂卡之類的大公司。這些公司能夠購買昂貴的廣告，建立巨大的工廠，生產出迎合廣大市場的產品。一家迎合當地利基市場的小規模商店，縱使提供更好的購物體驗，也無力和堆滿知名品牌貨品、售價低廉的沃爾瑪抗衡。

所有這些大眾市場消費主義的力量彼此強化：大廠商可以在大型商店取得更多貨架空間，使得利基型產品難以觸及消費者；規模經濟主宰了一切，零售商規模愈大，愈能和廠商談判出更低價格，讓營運更有效率；消費性產品製造商規模愈大，愈能夠花錢打廣告，並且從大量生產和大量配送中取得效率。寶鹼公司領先其他製造商，就是一個典型的例子。

不過，大眾市場消費性產品公司，使我們每個人必須適從對它們最有利的體驗，而非對我們最有利的體驗。很少人喜歡開很遠的車去沃爾瑪，除了必須尋找停車位，走很多條長長的走道，還要花點心力去找自己想買的東西（可能還要有心理準備會找不到）。然後，我們還得和那些不認識我們，或是不知道我們喜好的店員打交道。結果，最後在結帳櫃台前面大排長龍，買完了之後，還得把購買的東西裝上車，再開車回家。而且，我們買到的產品，可能不符合我們的喜好。我們經常購買為了盡可能迎合更多人而設計的折中式產品——百威啤酒、李維牛仔褲等。大多數人真正想要的體驗，是不論何時、身處何地，都能夠輕易找到自己真正想要的產品，然後在幾小時內遞送到手上，這是一種去規模化的消費者體驗。

亞馬遜引領創造這種新的消費者體驗。貝佐斯創立亞馬遜的基本構想是要建立全球最大的書店，在此之前，我們習慣實體書店，一家大型的邦諾書店（Barnes & Noble），大約陳列了20萬種書籍，這是十分龐大的數量，但仍只是書市中可供應產品的一小部分而已。你去一家實體書店找一本很特殊的書，很可能會落空。貝佐斯認為，在網際網路上，他可以開設一家全球性書店，供應每一本出版書籍，遞送到府。消費者開始看到，消費體驗應該如何適從我們的需求——把我們想要的書籍遞送到府，而不是讓我們適從於銷售者和生產者的方法，默默接受他們供應的產品與服務。

後來，亞馬遜擴展到書籍以外的種種消費性產品，並且使用人工智慧分析來自購物者的大量資料，幫助推薦更合適的產品給所有人，更精確瞄準一人市場。機器人幫助尋找並遞送亞馬遜倉儲中心的貨品，其遞送網絡有時能在幾小時內，把貨品送達顧客手中。現在，任何奇特的產品都很容易倚賴亞馬遜平台，試圖觸及可能分布於世界各地的目標客群。沃爾瑪商店遍布世界各地，銷售約400萬種產品；亞馬遜銷售超過3億5,600萬種產品，使我們預期能夠用手機或電腦找到、訂購自己想要的東西。

眼見亞馬遜的成功，競爭者紛紛躍入。谷歌試圖變成一個當日購物、當日遞送的平台；餐廳外賣遞送平台Seamless和戶戶送（Deliveroo），以及餐廳外賣、雜貨與酒品遞送平台Postmates，還有Uber的餐廳外賣遞送服務優食（Uber Eats），競相成為小商家和餐廳的最後一哩遞送服務平台。

在此同時，行動網路、雲端運算和社群媒體平台，使得創立消費性產品事業並對全球銷售變得更加容易。把所有這些技術平台結合起來，就為華比帕克和其他新時代的消費性產品公司，例如廉價刮鬍刀俱樂部和美國誠實公司等，打造出有效和大規模消費性產品巨擘競爭的舞台。這些發展，使得拉克薩蒂卡集團或寶鹼公司使用大量製造、透過貨架空間觸及消費者，並且透過大眾媒體打廣告，來建立、發展事業的規模經濟，已經逐漸失去原先的強大優勢。

到了2010年代中期，消費者市場以加速度去規模化，消費者愈來愈想要去規模化的一人市場體驗。我們可以在零售業看到這種發展趨勢的結果，根據商用不動產資訊分析與行銷服務公司合星集團（CoStar）的調查，2017年，美國1,300座購物商場中，有310座瀕臨失去主要獲利的核心商店。[4]2016年，美國18歲到34歲的購物者，從亞馬遜網站購買的服飾量，比從其他零售店購買的還多，占了該年齡層線上服飾銷售總額的17%，是市占率居次的諾斯壯百貨（Nordstrom）的兩倍有餘。[5]

全球家用消費品龍頭寶鹼公司發現，幾乎旗下每一個品牌，都遭到去規模化競爭者的攻擊。舉例來說，寵物食品公司飛鮮配（Freshpet）、化妝品公司茱莉普美妝（Julep Beauty）、染髮劑供應商伊沙龍（eSalon）等，全都在線上針對利基市場銷售專門產品，飛鮮配只銷售健康的寵物食品，而伊沙龍則是讓用戶在填寫外貌資訊和髮色後，將量身設計的染髮劑寄送給你。

這些只是截至目前為止的一部分發展而已，絕大多數都是使用網際網路、行動網路、社群媒體，以及雲端運算等技術來建造的事業。下一波由人工智慧驅動的技術，將會更徹底改變消費者的體驗，以及消費性產品與服務業。

由人工智慧驅動的新一波去規模化

聰敏的新時代零售商和消費性產品製造商，現在可從和顧客的互動中蒐集資料，這些資料有助於人工智慧學習每一位顧客，針對每個人量身打造消費者體驗。基本上，人工智慧把個人化服務的概念自動化，以符合經濟效益的方式，為每個顧客提供個人化的關注。誰會比較希望獲得沃爾瑪一般店員的普通服務，而不是個人化的服務呢？所以說，這是一個致勝公式。

從私挑服（Stitch Fix）這個例子，我們可一窺未來的消費者體驗。由卡翠娜・雷克（Katrina Lake）創立於2011年的這家公司，結合了人工智慧和人力，為每個人提供個人化的購物體驗。新顧客首先得在線上填寫一份個人風格描述，包括你的身材尺寸和體型，以及你的生活型態，包括你的職業、你是否是家長等。然後，私挑服的造型師會根據你的個人描述，挑選五件服裝寄給你，你購買自己喜歡的，把其餘的寄回該公司，此舉也讓該公司的人工智慧，學習更多有關你的個人風格。每隔幾週（時間由你而定），私挑服會寄一批新的衣服給你，你可以選擇購買，或是把衣服寄回去。透過這些交易，人工智慧軟體得以了解你的風格；歷經足夠時間，造型師將會更精準挑出你可能會喜歡的服飾。

私挑服的消費者體驗，超越現今的亞馬遜消費者體驗。亞馬遜幫助你找到你想要的產品，私挑服則是致力於更加了解你，挑選、寄出你可能還不知道自己會喜歡的產品。人工智慧幫助預測消費者想要的東西，這種方法將會蔓延到整個消費者市場，包括雜貨、化妝品、居家布置等。人工智慧軟體將預期你的需求，遞送非常適合你的產品，這種消費者體驗將對大眾市場品牌構成很大的殺傷力。我們將讓系統遞送給我們最適合我們的產品，不論這些產品是寶鹼之類的大公司製造的，抑或是加拿大薩斯克徹溫省（Saskatchewan）大草原上某座小鎮的一家新創公司製造的。你訂購的產品可能由無人機或小型自動駕駛汽車快速遞送到你的手上，你不需要驅車前往一家商店，就能夠獲得立即滿足。

在過去一個世紀變成高度規模化的食品產業，如今也面臨了由資料和人工智慧驅動的這股轉變。過去，為了養更多人，創造全國性的品牌，填補大型賣場的貨架，家庭農場被企業農場取代，企業農場使用像住屋那麼大的農耕機器來耕耘大片土地。根據威賽爾斯活歷史農場（Wessels Living History Farm）編纂的聯邦統計數字，[6]這個趨勢在1950年代和1960年代進入快速發展期，從1950年到1970年，美國的農場數目減半，農場被整併或出售，以形成更大型的農場。在這二十年間，美國農場的平均面積倍增，但農場耕耘者人數減半，從1950年的超過2,000萬人，減少到1970年的少於1,000萬人。在此同時，生產力提高，在大約相同的農地面積上，農民以較低成本生產出更多食物。這些趨勢在那二十年間雖然發展得最急劇，但在接下來四十年間，仍然持續。

現在，科技開始驅動農場的去規模化，把食物生產移向更靠近消費者的地方。包爾利農耕公司（Bowery Farming）就是一個例子，農場位於紐澤西州的一座倉庫裡，距離紐約市只有十五分鐘的車程。在這座倉庫農場裡，LED燈模仿自然陽光，從地板一直架到天花板的一層層架子上放置了營養水床，農作物就種植在這些營養水床上。該農場估計，每平方英尺的產量，是企業農場同面積農地產量的一百倍有餘。物聯網感測器持續監視農作物和環境，把資料回傳給人工智慧軟體，讓它學習怎麼做對作物最有益，主動分析與調節燈光、水和肥料，以改善收成。大部分的耕種作業，都是由自動化機器執行搬動或澆水的工作。現在，世界各地有愈來愈多新種類的都市農場——在建物內、屋頂上，或是任意開闢的小塊土地。

一家名為萵苣網路（Lettuce Networks）的新創公司，使用雲端運算和行動網路來建立都市農場網絡，創辦人尤格許．夏瑪（Yogesh Sharma）甚至稱它為「農耕業的 Airbnb」。該公司接洽城市內的小農地主人，在小農地上安裝能夠監視作物與環境的感測器，農地附近的居民可以註冊使用萵苣網路，獲得新鮮農產品遞送到府的服務。如此一來，小農地主人可以出售收成賺點錢，訂戶則可以取得附近耕種的新鮮農產品——比遠在幾千英里外農場種植的、以冷藏卡車運送的農產品更新鮮。若類似這樣的食物網路經營得宜，每座城鎮可以變得更自給自足。

這些都帶來更適從個人的消費者體驗，消費者不再是只能一味地順從廠商。過去數十年，我們被訓練成自己上賣場購買食物，往往需要開車或交通時間，還要花時間穿梭在超市的走道之間，挑選夠好、但不完全是我們想要的大眾市場產品（尤其是產自企業農場、味道頗差的番茄或莓果），然後在購物完後把東西搬上車，再開車回家。在去規模化的時代，像萵苣網路這樣的系統，將會知道你的喜好，也會知道本地現在供應哪些農產品，並將你需要的蔬果新鮮遞送到府。你知道以前會有專門的遞送人員，把你家訂的牛奶遞送到府嗎？未來的面貌將變得更像往昔，不像現在。

事實上，把這一切──消費性產品、零售業、食品業、製造業、品牌價值的發展──結合起來，就指向了看起來非常不同於過去五十年的2020年代消費者體驗。我們現在必須親自外出購買的東西，未來將有多數會自己送上門。我們將會選擇註冊使用各種服務──例如私挑服、萵苣網路等，這些服務將使用人工智慧，以求對我們有更好的了解，在我們想要的時候，遞送我們想要的東西上門。親自外出採買雜貨和日常必需品的例行事務，不必然存在；未來，我們去實體商店，主要是為了娛樂或教育，或是去看看有什麼不同的新產品。而且，我們將通常能夠找到似乎為我們量身打造的產品，不再是只能妥協於大眾市場的標準化產品。相較於設計師品牌或高檔款式，我們也將會對自己購買的小眾品牌產品引以為傲。

這種改變將對一手打造出上個世紀的顧客體驗的產業帶來巨大影響，我們正邁入品牌價值降低、廣告對消費者購買影響力降低的時代，這對寶鹼、可口可樂、蘋果、耐吉、百威英博（Anheuser-Busch InBev）、路易威登（Louis Vuitton）等全球知名龍頭帶來重大影響。品牌價值降低，品牌打廣告的成效也會降低，這可能對全國性大眾市場媒體造成殺傷力，尤其是電視。伴隨更多購買轉移到線上和人工智慧型訂購服務，未來不論是沃爾瑪、喜互惠（Safeway）或百思買（Best Buy），大型店面零售業者可能將看到來店人潮銳減。

總而言之，上個世紀以規模打造出來的消費者體驗，即將被拆解、去規模化，大規模的優勢減弱。在這個小而靈巧當道的年代，絕大多數時候，把消費者擺在中心的專注型公司，將贏過針對大眾市場的大公司。

這些發展也將會大幅影響不動產和土地的使用，以及各地城市的面貌。不動產顧問公司綠街顧問（Green Street Advisors）預測，在十年內，至少將有15%的購物商場將會關閉。2017年，沃爾瑪在全美各地營運3,522座超大型購物中心，每一座占地達26萬平方英尺。伴隨更多消費者在網路上訂購遞送到府的產品，其中有些沃爾瑪購物中心將會關閉，想想將有多少不動產會被釋出，以及利用這些空間的機會。我們已經看到一些關閉的購物商場，轉型成公寓大樓、診所、冰上曲棍球場、巨型溫室等。在此同時，隨著去規模化的發展，人與產品的流動型態將會改變，我們將減少外出購物，因此塞在路上和停放在停車場的車輛將會減少，這將釋出更多土地。相反地，有更多貨品將被遞送到府，因此都市規劃師將必須運用新思維，想想如何容納遞物貨車和最終的自動駕駛遞貨機器人，以及穿梭在街道上空的遞貨無人機了。

消費性產品業的新商機

消費者市場的大好新商機，將以適時提供每個人真正想要的東西為中心，這反映的是去規模化的核心思想——長久以來，規模化、標準化的大眾市場產品，要求每個消費者適從它們，但在未來，去規模化的產品與服務將會主動適從我們，看起來就像專為每個人量身打造的一樣，而且是自動化的客製化。未來十年，我們將會看到創新者改造一類又一類的產品，從大眾市場轉向一人市場。下列是我看到的一些新商機。

拆分巨人　寶鹼、雀巢（Nestlé）、三星之類的消費性產品公司，針對的是大眾市場。一項大賣的產品，訴求的是最多數量的人，亦即一體適用。大眾市場產品針對多數消費者提供折中方案，不完全是每個人真正想要的產品，但是夠好、方便供應。因為這種妥協未能滿足的需求，使得小型新創公司有機會運用科技，打造訴求狹窄區塊的利基產品，迎合那些喜歡個人化的消費者。

我們已經看到美國誠實公司、華比帕克、廉價刮鬍刀俱樂部、食材配送商藍圍裙（Blue Apron）等，有愈來愈多的公司這麼做。女星潔西卡·艾芭在生下第一個孩子後，因為很難找到天然、有機的嬰兒產品，於是創立了美國誠實公司。在找到布萊恩·李（Brian Lee）、西恩·凱恩（Sean Kane）、克里斯多福·蓋維根（Christopher Gavigan）和瑪莉亞·艾維提（Maria Ivette）成為事業夥伴之後，該公司首先生產更環保的拋棄式尿片，和幫寶適（Pampers）之類的大眾市場品牌競爭。現在，美國誠實公司已經銷售種類更廣泛的天然家庭用品和美妝產品。至於華比帕克瞄準了拉克薩蒂卡集團客群的一塊區隔；廉價刮鬍刀俱樂部以入會訂戶模式，供應刮鬍刀給訂戶，搶走吉列公司的部分市場；藍圍裙則是遞送讓你可以輕鬆在家煮一餐的烹飪食材，瓜分了一部分的冷凍調理食品市場。幾乎任何種類的大眾市場產品，都可能遭遇到去規模化策略的挑戰，類似情形將會一再發生。

這些新公司將有機會，把各種針對狹窄市場的利基型產品再度綑綁（rebundle）起來，形成新的寶鹼之類的公司，就像美國誠實公司那樣。這些新公司可能會壯大起來，但會更像是多事業單位的集合體，每個事業都高度聚焦服務特定客群。

全通路商店　在人類文明化的歷程中，我們一直都受到市場的吸引。我們喜歡逛商店，對許多人來說，這不僅是在尋找商品，也是一種社會和娛樂的體驗。因此，未來不論有多少商業活動轉移到線上，零售店將不可能消失。但零售業必然將發生改變，成功的零售店將會有效結合線上與線下的活動，提供全方位的購物體驗。

華比帕克成立實體商店，是為了讓顧客可以在時髦的氛圍下試戴幾百款鏡框，但大多數的顧客還是選擇之後在線上購買中意的款式。當亞馬遜開始設立實體書店時，震驚了全球的圖書業，畢竟過去數十年來，亞馬遜就是扼殺實體書店的元凶之一，為什麼它又回過頭來成立實體書店呢？主要的原因之一是，人們喜歡瀏覽書架，讓他們有個概念，稍後要在線上購買哪些書。如果亞馬遜將實體書店當成幫助提升亞馬遜網站業績的一種手段，那麼個別店鋪賺錢與否，公司不會那麼在意。

成功的零售業者，將使用人工智慧更了解顧客需求，然後針對一座城鎮的客群，量身打造店鋪體驗。一間服飾店可能會特別邀請具有特定風格品味的顧客，觀看擅長這種風格的設計師所舉辦的特別展示會，然後根據顧客的喜好打造線上體驗。商店和網站成功結合，將會有效驅動生意，讓目標客群覺得特別。當業者對每個顧客蒐集到的資料愈多，就愈能夠利用店內體驗，進一步使得每個顧客覺得像是身處一人市場。

在地農耕 大規模農耕餵飽了世界多數人口，但也帶給我們品嚐起來像塑膠的「新鮮」番茄，現在從人工智慧控管的植物生長燈，到能夠持續測量土壤養分的物聯網感測器，各種新科技使我們能夠在距離顧客更近的室內，以能夠獲利的方式種植、銷售作物，這等同於農耕業的分散式製造。在城市裡，已關閉的往昔購物商場、工廠、倉庫或立體停車場，都可以改造成這類室內農場。熟悉農夫市集的人都知道，若作物的產地在附近，就不需要長途運送，因此可以等到充分成熟之後才摘採。在冬季時，本地室內栽種的番茄，味道就是番茄的本味；想當然耳，消費者將會更加喜愛。

許多類似包爾利農耕的新公司，正在進軍這個領域。比方說，貨櫃農場（Freight Farms）在貨櫃裡種植作物；紐約的光明農場（Brightfarms）募資、設計、經營位於食物零售店附近的溫室，截至本書撰寫之際，該公司已經募集到1,100萬美元。同樣位於紐約的伊甸園坊（Edenworks），在屋頂上建造溫室，種植蔬菜、蘑菇、藥草，使用同樣養在這座迷你農場上的吳郭魚和蝦的排泄物做為肥料。在明尼亞波利斯市，惠普（Hewlett-Packard）前任高階主管戴夫．羅瑟（Dave Roser），經營了蔬果農場（Garden Farms）這間公司，把多座倉庫改建成室內農場。可以預期，未來將會出現更多這樣的新創事業；在未來十年，在地耕種的新鮮食物，將會瓜分企業農場的市占率。

機器人送貨　這個領域可能得花更長的時間發展，但數十年後，優比速等公司的快遞人員，可能會被某種自動送貨運輸工具取代，不過哪種運輸工具最好用，目前還很難說。眾所周知，亞馬遜正在發展以無人機遞送貨品，在不久的將來，體積較小的貨品或食物（需要較快速的遞送），很有可能由無人機遞送到你的手上。一旦自動駕駛汽車發展到夠好，不需要任何人坐在駕駛座上時，某種版本的機器人優比速貨車，可能會直接開到你家門前的車道上，並且發送簡訊，通知你出來領取包裹。

總部設在舊金山、工程作業在愛沙尼亞的星艦科技公司（Starship Technologies），由Skype的兩位創辦人於2014年共同創立。星艦科技已經打造出一款體積約為嬰兒車大小的六輪機器人，能夠行走於人行道上，為餐廳遞送披薩或起司牛肉三明治到府。餐廳外賣、雜貨與酒品遞送平台Postmates，正在華盛頓哥倫比亞特區和舊金山市，試用這款送貨機器人。在本書撰寫之際，威斯康辛州議會正在審議機器人送貨法案，允許這類機器人上路，但將禁止它們走上人行道和行人穿越道，並且訂定3.6公斤重量的上限，而且時速不能超過16公里。

雖然從現在來看，機器人送貨也許滿奇特的，很像科幻電影的情節，但在未來去規模化的時代，這將變成尋常之事，也將是從大眾市場變成一人市場的重大轉變中的重要一環。你將不再去沃爾瑪購買其他人也購買的貨品，機器人將從附近的分散式製造廠，提取為你量身訂做的一項產品，然後遞送到你的手上。

第三部

為美好未來做出選擇

9

政策：
為建造美好的人工智慧世紀做出重要抉擇

克里斯·休斯（Chris Hughes）對於科技在美國造成的貧富不均現象極為敏感，他生長於北卡羅來納州希克里市（Hickory）的一個勞動階級家庭，父親是紙品銷售員，母親是公立學校老師。休斯在2002年進入哈佛大學，被分配與馬克·祖克柏（Mark Zuckerberg）和達斯汀·莫斯科維茲（Dustin Moskovitz）同一宿舍寢室，他們三人，再加上愛德華多·沙佛林（Eduardo Saverin），共同在2004年創立了臉書。《富比士》雜誌在2016年評估休斯的淨財富為4.3億美元。

休斯和我是朋友，根據我的觀察，他從未忘記他中了創業樂透彩。他在2007年離開臉書，成為時任美國參議員歐巴馬的總統競選團隊成員。後來，他買下《新共和》

（*The New Republic*）雜誌，試圖加以重振，但最終慘烈失敗。到了2010年代中期，他開始聚焦於他認為即將到來的一個危機：由人工智慧和機器人技術驅動的自動化，再加上其他的社會變遷，可能很快將導致大量的人們無法賺到足夠維持像樣生活的所得。他共同創建並推動經濟安全計畫（Economic Security Project），募集到1,000萬美元，資助為期兩年的研究，研究「全民基本收入」（universal basic income, UBI）的概念。（我也參與了這項計畫，並且提供部分資金。）這項計畫想探索對全民定期給予一筆收入，使他們縱使因為自動化而失業，也能過上像樣的生活，是不是一種好做法。

把人工智慧和去規模化將帶來的種種改變匯集起來，將為社會和商業造成什麼？這將是天堂，抑或某種版本的地獄？休斯和科技業及政府的許多人士，正在努力思考如何避免演變成地獄，我也是。

人工智慧技術與力量驅動去規模化經濟，這是無可避免的發展趨勢。我們無法阻止人工智慧的發生，基因組研究、3D列印、機器人技術、無人機、物聯網，以及我在本書敘述的其他東西，已經存在了。這些科技將繼續釋出力量，瓦解二十世紀的規模經濟，以新世紀的去規模化經濟取而代之。這個過程已經啟動了十年，未來十到二十年間，將會繼續熱烈發展。Stripe之類的電子商務平台上的自動化會計與銀行作業，將會導致無數金融專業人員和律師丟失飯碗；使用3D列印技術的新製造業，將會導致大量工作從大公司的工廠，轉移到規模較小的自動化隨需工廠。這些發展趨勢不容忽視，政策制定者必須思考該如何幫助人們應付這些重大轉變；我們的領導人必須展望未來，慎重思考我們希望從現今的科技獲得怎樣的結果。若一世紀以前，我們可以預見內燃機汽車對大地、能源、空氣、城市和戰爭的影響性，當時的立法者會通過不同的法規或獎勵嗎？無庸置疑。

科技本身無好無壞，我們如何使用，才是左右它將如何影響社會與地球的關鍵。全球科技業必須擁抱負責任的創新，長久以來，我們太聚焦於「破壞」了，我們必須提醒自己，道德淪喪的破壞，將會導致社會動盪不安。已經有跡象顯示，科技業開始明白這個道理了，IBM、微軟、谷歌、亞馬遜和臉書等公司共同成立「人工智慧合作組織」（Partnership on AI），宣誓展現道德責任感。

這個組織成立時，其共同主席、谷歌深智事業（Google DeepMind）的共同創辦人穆斯塔法·蘇雷曼（Mustafa Suleyman）說：「我們認知到，我們必須以謹慎、正面且隱含道德的方式推動這個領域。」[1]希望這些公司將堅持下去，也希望這個產業的其他公司，能夠起而應付這些挑戰，而且政策制定者也必須這麼做，不能再拖延了，我們已經邁入去規模化革命十年了，在未來二十年間，巨大的變化將會降臨並衝擊我們，確保此革命帶來正確、良好結果的關鍵時刻就是現在。

在我撰寫本書之際，我最感興趣的是兩個領域：自主（例如無人駕駛汽車和機器人技術）；長壽（亦即如何延長我們的壽命。）把自主應用於駕駛卡車，似乎非常有助於建造一家營收億萬美元的公司；長壽也似乎是個讓公司賺大錢的好點子。我們廣通育成投資於益力健公司（Elysium Health），這家公司研發、生產一種藥物，能夠幫助修復DNA，使你活得更久、更健康。我看到一些公司同時在自主與長壽這兩個領域下工夫，若這兩個領域的發展結合起來，將會引發一項嚴重疑問：若我們堅持做到了這兩者，將會發生怎樣的情形呢？許多人將活得更久，但在此同時，工作機會將會變得更少。這不僅是卡車司機和工廠作業員的潛在問題而已，自動化也可能導致許多專業工作消失。

2014年，高盛證券投資建置一個名為「見性」（Kensho）的人工智慧型交易平台，此平台由見性科技（Kensho Technologies）開發，我們廣通育成也投資了這家新創公司。2000年，高盛證券在紐約的美國權益現貨商品交易櫃台雇用了六百名交易員，但是到了2016年，這項業務只剩下兩名交易員，其餘工作都交由機器處理了，而且這還是人工智慧尚未對高盛造成全力衝擊之前呢。[2]「十年後，高盛的員工人數將會比現在明顯減少很多，」見性科技創辦人暨執行長丹尼爾·納德勒（Daniel Nadler）說。[3]

工作機會、財富和力量的急劇變化，總是伴隨技術革命而來，二十世紀初期就發生了這種情形，工作機會、財富和力量轉移至全新產業（例如汽車業和電器業）與新職業（例如工程專業人員和專業管理人員）。現在，這一波技術革命正在使工作機會、財富和力量，轉移至醫療保健、自動運輸工具、潔淨能源等產業中的人工智慧型公司。

這種大型革命攪亂了人們的生活和工作，川普在2016年當選美國總統，英國人民公投支持脫歐，這些都是人們在用選票表達他們的迷惘與失落感。

以往，新類型的自動化雖然摧毀工作機會，但總是創造出更多、更好的新工作機會。二十世紀是美好的自動化年代，帶來了從組裝線到電腦的種種發明，淘汰了無數老舊過時的工作，從1960年到2000年，創造出各種電腦專業人員的工作。根據美國勞動統計局，1960年，美國約有12,000名電腦專業人員，2000年約有250萬名；會計與稽核人員從1910年時的39,000人，增加到2000年時的180萬人；1910年，美國大學教職員總數為26,000人，2000年達到110萬人。[4]

由人工智慧驅動的自動化，將同樣創造就業機會，或是摧毀就業機會？現在還不得而知。正因為擔心萬一發生大部分人口的就業機會有限的情形，休斯和新創公司孵化器Y Combinator的總裁山姆・奧特曼（Sam Altman），才會推動全民基本收入的研究計畫。我們必須開始探索，每個月發給每一個人一筆基本收入，是否為有幫助的做法；若是，又該如何做。根據經濟安全計畫，芬蘭、荷蘭、瑞士、英國和加拿大，全都在探索全民基本收入，一個小規模先例是阿拉斯加州，從該州的石油收入撥款，讓每個居民每年獲得幾百美元，最高曾至兩千美元不等的分紅。

不過，關於全民基本收入，還有其他必須探討的疑問。這些錢要來自何處？全民基本收入方案的信仰者估計，將會需要加徵所得稅17%至36%；反對者則說，將會需要加徵所得稅高達60%。這樣的稅率，會不會扼殺經濟呢？或者，重新分配所得之後，人們會不會把錢拿來消費，以浥注經濟成長呢？政府機關的工作負荷，會不會因為必須識別和發放補貼給每個公民而暴增，還是會因為這種補貼將終結對其他方案（例如社會福利）的需求，使得政府機關的工作負荷反而降低？我們在經濟安全計畫中探討這些疑問，這些也是立法者現在必須辯論的疑問。

然而，有關全民基本收入的探討，並沒有考慮到幾世紀以來，工作提供有關所得以外的東西——組織與生活的目的。在我成長的過程中，我家吃晚餐時的交談往往會問到：「你長大後想做什麼？」多數人想在人生中做些什麼，他們想要感覺自己有用，能對社會有所貢獻——不論是透過工作、藝術、家庭或信仰。因此，我們也需要對此好好加以思考，我們應該從釋放人類潛能的透鏡來思考科技的發展演進，而不是從取代人力的角度來思考。

舉例來說，大多數的人工智慧科學家都認為，科技可以是我們的好夥伴，就像個出色助理一樣，幫助我們把工作做得更好。發展人工智慧的目的應該是這個，而非只是使用它來將工作自動化，完全取代人力。至於那些真的被自動化的工作呢？探討提供基本收入雖然是個良好的起始點，但是總的來說，我們必須開始認真探討，若我們為相當多的人口，創造了一個後工作時代，那麼人類的成就感與幸福滿足感應該來自何處？

除了就業方面的疑慮，我還關切兩個和人工智慧及去規模化有關的系統性問題，其一是壟斷平台，其二是演算法當責制（algorithmic accountability）。

壟斷平台

擔心壟斷？這似乎很奇怪，畢竟本書一直探討的核心主題是，規模不再等同於力量；但是，在規模的方程式裡，有一張難以預料的外卡，這張外卡跟人工智慧軟體如何學習有關。如前所述，我們之所以能夠做到去規模化，是因為創新企業可以租用規模，在保持小而聚焦的事業模式之下，進攻全球市場獲利。那些去規模化的公司需要從平台公司租用規模，一些這類平台將會成長得非常巨大，而且說到平台，在絕大多數的領域，往往是贏家通吃的賽局——一個贏家將囊括絕大部分的市占率，其他競爭者望塵莫及。

現今的一個例子是亞馬遜網路服務，制霸了雲端運算平台，它是去規模化的一項關鍵要素。有無數挑戰大企業的創業型公司，把營運掛在這個雲端運算平台上，使得該平台達到十分巨大的規模，與之競爭的微軟、谷歌、IBM 等雲端平台難以趕上。為什麼？因為愈多公司使用亞馬遜網路服務，它蒐集到有關公司如何使用雲端運算的資料就愈多，這幫助它的人工智慧學習如何為公司客戶提供更好的服務，導致資料較少的其他競爭者和亞馬遜網路服務的落差更加擴大。在人工智慧時代，這種循環動能將會一直持續下去：領先的平台獲得的資料，將會比其他競爭平台還要多，這使得領先平台的人工智慧，學習得比競爭者的人工智慧更好，這給予領先平台一項優勢，使它們贏得更多生意，然後又可以蒐集到更多資料，繼續擴大領先競爭者的幅度。這種循環可能導致領先平台變成近乎壟斷。

平台在取得力量之後，往往會延伸平台，加入其他服務，使平台對使用者更具吸引力，同時封阻潛在競爭者。谷歌就是一個非常顯著的例子，谷歌搜尋平台為了實踐它的使命——蒐集盡可能更多的資料，遂延伸至谷歌地圖（Google Maps）、Gmail、谷歌文件（Google Docs）等。全球各地的用戶喜歡所有功能整合在一起，方便使用。而且，谷歌也幫助去規模化，讓創業者可以輕易租用、甚至免費使用以往必須付費購買或自行建造的功能。然而，谷歌（或其母公司Alphabet）把愈多功能結合起來，就愈加強化它在搜尋領域的壟斷能力。

因此，最後可能形成少數掌握了壟斷能力的關鍵平台，而不可計數的小公司必須仰賴這些平台，因為去規模化的小公司若不租用這些平台的規模，就無法生存。那麼，若一個壟斷平台開始大幅調漲價格呢？或是使用它的壟斷地位，試圖消滅所有的挑戰者，或是壓制創新呢？這些全都是壟斷者有時會做的事。一些壟斷平台已經躋身全球最強大公司之列，截至本書撰寫之際，市值最高的前五家美國公司，全都或多或少是驅動去規模化的數位平台，包括蘋果、Alphabet、亞馬遜、臉書和微軟。

二十一世紀的壟斷事業——成為去規模化經濟的幹道與發電廠的那些平台，面貌將不同於以往的壟斷事業。它們將快速全球化，使得任何國家難以管制。而且，可能沒有容易的方法，可以加以拆分或推翻，因為它們的人工智慧（因為規模而變得非常強大），將對眾多使用平台的事業變得太重要，要拆分這麼一家壟斷平台公司，也會削弱它的人工智慧系統，而那些使用平台服務的公司將會受到波及。

區塊鏈技術或可為我們帶來一些取代這種平台的其他選擇——也許平台也可以不屬於任何一家公司，不屬於任何人或組織，就像開放源碼軟體或維基百科（Wikipedia）的模式。區塊鏈技術是由分散在世界各地難以計數的獨立電腦，遵照內建於軟體中的規則來運作的，沒有任何壟斷者控管，例如，比特幣是以區塊鏈技術為基礎的加密貨幣，沒有中央銀行控管。因此，我們可以想像建立於區塊鏈上的服務或app，沒有公司能夠加以支配。

紐約的區塊鏈新創公司區塊堆（Blockstack），正在發展一個區塊鏈app平台，想讓app開發者更容易發展，向大眾推出以區塊鏈技術為基礎的app。這就像區塊鏈技術型的蘋果App Store，但是當家做主的是社群，不是一家特定公司。若是這樣的平台流行起來，可能會對巨大的商務平台構成競爭，就像開放源碼作業系統Linux，在1990年代末期侵蝕微軟近乎壟斷的地位一樣。因此，區塊鏈技術或許能夠帶給我們大型平台的益處，又不會創造出取得太大掌控力量的強大科技公司。

政策制定者必須了解，並且持續辯論壟斷平台的問題。經濟固然需要這類平台幫助去規模化的發展，但平台必須促進自由市場的形成，否則將可能遭受管制。

演算法當責制

2016年的美國總統大選，使我們意識到去規模化技術可能導致的另一種新威脅：惡劣有害的人工智慧演算法。我們在臉書上看到「假新聞」散播，臉書的人工智慧被設定為：為用戶提供那些最可能引發他們繼續留在網站上互動的內容，這樣就能讓臉書有更多機會投放廣告，賺取更多的廣告收入。那些瞄準我們的偏見而編造的煽動性假新聞，往往能夠引發我們的反應，當臉書的人工智慧加以學習之後，就會自動尋找類似的內容提供給我們，但人工智慧演算法並不能分辨真假新聞，只知道什麼樣的內容最能夠滿足臉書的目的。雖然無人能夠確定這類假新聞，究竟如何影響到該次選舉的結果，但是相關事件仍然暴露出，人工智慧演算法如何容易遭到玩弄和利用。未來，人工智慧將幫助我們做出種種決策，這是非常危險的現象。

公司可以使用人工智慧演算法來優化每一個變數，例如，Uber能夠在尖峰時段，有效率地派車到高需求量的地區，亞馬遜能夠在最佳時機，向某位購物者推薦最適合的商品，以引發更多購買。但是，儘管有種種功效，演算法並不是為了做正確的事，或是展現透明度而優化設計的。舉例來說，管理公司內部營運的演算法，總是強烈偏好最權宜、最有效率、最有成效的做法，但若這意味的是，將使特定少數群體未能獲得照顧，演算法本身並不會在乎，除非人類重新編程，使演算法關切這些層面。

現在，有愈來愈多的人，關切支配我們生活的「黑箱」演算法。紐約大學的資訊法研究所（Information Law Institute）舉辦了一場有關演算法當責制的研討會，耶魯大學法學院的資訊社會研究計畫（Information Society Project）也研究了這個主題，並且得出下列結論：「演算模型可能具有偏見或受限；在許多領域，演算法的使用，仍然隱晦、不透明。」[5]

這種情況必須改變，公司必須領頭在服務中建立演算法當責制，產業界不該仰賴政府扮演主要的角色。立法者和官員制定的老派法規太繁雜、累贅，跟不上科技業的發展速度，由政府主導的規範將會拖累科技公司、延緩創新，為了避免這樣的命運，這些新公司——世界上的谷歌們、亞馬遜們、臉書們——必須主動在系統中建立演算法當責制，確實、透明地自我監督。

事實上，我們需要新版本的規範執行組織，就像1900年代初期大量發明湧現時出現的新技術監督組織。那時，由電力驅動的種種複雜創新紛紛問世，五個工程學會和三個政府機構，在1918年聯合創立了美國工程標準委員會（American Engineering Standards Committee），該委員會最終演進成今天的美國國家標準協會（American National Standards Institute）。這個組織的角色是確保透明化（讓使用者知道他們在使用什麼）與安全性，藉此避免立法者施加政府的監管。[6]

同理，現在的人工智慧公司，或可制定自己的標準與透明化要求。至於用來監視公司使用的演算法的監視型演算法，甚至可以採行開放源碼軟體那樣的運作模式，開放給任何人檢視。這麼一來，程式設計師便能看出監視型演算法是否在監視正確的東西；同時，公司也能確保自己採用正確的演算法蒐集資料。科技公司和政策制定者必須固定集會，交流意見。顯然，若企業界繼續依循目前極度缺乏演算法當責制的路徑，政府將會制定法規，監管社群網路、搜尋引擎，以及其他主要的服務。

在人工智慧與去規模化的時代，幾乎所有產業都將發生急劇的變化，這些變化引發政策制定者必須思考的重大問題。受限於本書篇幅，我不可能在此詳細探討整個社會必須思考的每一項爭議與課題，下列是我預期即將出現的一些較為重要的爭議。

醫療保健與基因組研究

醫學界將出現一些特別困難的爭議，尤其是在基因組研究的領域。基因編輯技術CRISPR之類的發明，讓我們可以改變基因，因此改變人體，我們已經離掌控自身進化的能力愈來愈接近。我可以預見，終將出現新創公司提供基因編輯服務，讓顧客可以升級身體或頭腦。若這種業務出現、合法化，我們可能創造出傷害程度遠大於數位落差的生物落差，富人將有機會使自己變得比窮人更好、更健康、更聰明；如此一來，形成的不只是財富與機會層面的貧富差距，還有才能與體能層面的貧富差距。若社會障礙使得人們難以改善生活，沒有足夠的機會在經濟階級中爬升，這已經是夠糟糕的問題了；倘若一個階級的人們在體能和心智能力上，也無法和那些富有者抗衡的話，這又是一個全新的問題。我們的社會，可能演變成一個永久階級分明的社會，政府必須嚴正思考，避免這樣的事成為現實。

其實，現在已經有很多基因組研究的新創公司，超前法律的進展了。消費者基因檢測公司23andMe，就遭遇了類似的麻煩。23andMe創立於2006年，為消費者提供DNA檢測，可以預測一個人未來將發展出某些身體特徵（例如禿頭），或是罹患特定疾病（例如阿茲海默症）的傾向。2013年，美國食品藥品監督管理局下令23andMe暫停相關業務，擔心23andMe對檢測結果的判讀，可能誤導消費者對自身健康狀況的展望，進而導致不必要的傷害。23andMe仍舊繼續提供基因檢測服務，幫助顧客追蹤血統，但暫停做出預測性質的解讀。美國食品藥品監督管理局需要更多時間調查基因檢測產品，最後在2017年4月，該局核准23andMe對可能罹患十項疾病（包括阿茲海默症、帕金森氏症、乳糜瀉等）的高風險消費者，提供基因檢測服務。[7]

不過，23andMe的例子，只是未來將出現的政策爭議的一個早期徵兆，美國國家基因組研究所（National Human Genome Research Institute）呼籲，我們應該持續研究、辯論廣泛的相關議題。雇主可以要求你提供基因資料，並且根據資料來決定是否錄用你嗎？保險公司可以使用相關資料決定，因為你有罹患某種疾病的先天傾向（例如帕金森氏症），可能會使用很多的醫療資源，因此對你收取較高昂的保費嗎？若你做了基因檢測，誰可以擁有相關資料？是基因檢測公司，還是你？為了醫療保健業確實去規模化，並且研發預防性藥物，你的基因資訊可能必須被拿來和醫生、醫院或你使用的app分享，但是基因資訊太過敏感，你當然會希望可以有效控管相關資料，只提供給你選擇分享的對象，對此，我們該如何做呢？美國國家基因組研究所的研究報告寫道：「光是基因組的研究，並不足以應用相關新知來改善人類健康，我們必須審慎探討這類研究可能引發的許多道德、法律和社會爭議。」[8]

23andMe的例子顯示，在醫學急劇變化的年代，美國食品藥品監督管理局可能必須改變自身的使命。這個主管機關的審核流程太慢了，平均得花上十年的時間審核，一種新藥才可能得以上市。美國食品藥品監督管理局的審核流程，旨在判定一項藥物的安全性與成效——了解這項藥物會不會產生非蓄意傷害，能不能夠確實產生預期中的成效？醫療科技業有愈來愈多聲音主張，美國食品藥品監督管理局的主要角色，應該擺在監管安全性，至於成效，應該交由市場和資料分析來判定。換言之，美國食品藥品監督管理局的職責應該是，確保一項藥物、檢測或醫療程序，不會造成難以修補的傷害，然後核准上市。

既然我們現在能夠蒐集到那麼多有關於病患的資料，將能夠快速得知一項藥物、檢測或醫療程序的效果如何，遠比進行一系列小試驗與調查要快多了。再者，在社群媒體和Yelp等消費者評比網站繁盛的年代，若是某種藥物其實沒有成效，相關抱怨很快就會出現。一項旨在改革美國食品藥品監督管理局的提案——「自由選藥」（Free to Choose Medicine），就反映了這種思維。喬治梅森大學的莫卡圖斯中心（Mercatus Center at George Mason University）和聯邦黨人學會（Federalist Society）等組織，已經對此項提案做出研討。基本上，這項提案主張美國食品藥品監督管理局，仍然應該繼續審核流程，但也應該要有第二條途徑，讓醫生和病患可以選擇試用已被證實安全、但成效尚未獲得確證的藥物。[9]

醫療保健業即將浮現的另一項爭議，涉及了我們個人健康資料的存取。過去十年，以往大多是醫生以潦草字跡手寫於紙上的醫療紀錄，絕大多數已經被數位化，被輸入並儲存在軟體裡。但是，這些資料存在私有系統中，可用性或易取得性並不大。全美最大的電子健康紀錄軟體供應商愛譜系統（Epic Systems），開發、銷售的電子健康紀錄軟體，雖然儲存了美國54%病患的紀錄，但是這些軟體的可用性瑕疵，消耗了醫師和護士不少時間，因此口碑不佳。

《貝克醫院評論》一篇報導指出，有近三成的愛譜系統客戶，不推薦同業使用該公司的軟體。[10]愛譜和競爭者的系統都是封閉型的，使得醫生和醫院難以分享資料，而且消費者無法控管那些資料，無法輕易取得自己的電子健康紀錄，把它和其他健康相關資料結合起來，幫助維持健康。這些阻礙了醫療保健業的去規模化，因為新創公司無法取得、使用這些資料，提供創新的醫療保健服務與產品。我認為，應該強迫這些系統軟體公司，讓病患擁有對自身資料更大的控管能力，並且允許以匿名的方式匯總資料，以提供研究與學習有關健康和醫療之用。

伴隨醫療保健業的去規模化，政黨對於《平價醫療法案》〔（Affordable Care Act），又稱「歐巴馬健保法」（Obamacare）〕的辯論，將很快地變得不必要，因為新創公司、大量資料和自動化，將促使醫療保健成本降低、成效更高。若這種趨勢持續發展，在五到十年內，美國國會將不再需要為了醫療補助計畫（Medicaid）和聯邦醫療保險（Medicare）的成本暴增而爭辯了，可能會改為爭辯該如何使用那些多出來的「意外之財」。

以利萬客為例，該公司的人工智慧技術，旨在幫助糖尿病患者保持健康，減少他們上急診室的次數，同時減少併發症的發生。根據我對這個領域的觀察，我相信科技將能夠輕而易舉地為美國糖尿病患者的每年醫療成本省下1,000億美元。想像把這推及許多其他慢性病，將可以節省多少醫療成本？美國國會必須開始思考，若醫療成本降低和透過app與裝置提供保健服務變得普及，全民的醫療保健將可能變成什麼面貌？

能源業

人工智慧使世界堅定地從化石燃料轉向太陽能及其他可再生且去規模化的能源，但在川普總統就任的頭幾個月，簽署命令，試圖拯救煤業的工作飯碗，廢止促使汽車製造公司研發電動車的法規，並且任用一位相信氣候變遷並非事實的能源部長，這些行動可能鼓勵美國企業停止投資於下一代能源。在此同時，中國政府卻制定政策，投入龐大的資金，浥注太陽能電池、智慧型電力網和電動車公司的發展。今天的政策決定，將對未來二十年的去規模化發展有巨大影響，而美國目前的政策，似乎將是導致落後的公式；反觀，中國的政策，則是利用人工智慧世紀的力量。

政府必須認知到能源業的變化，幫助創新者造福社會與商業。舉例來說，從使用汽油的傳統車輛轉變為電動車，這將是個巨大的轉變，我們要如何改建無數的加油站呢？又要如何建立一個能夠應付所有新需求的電力網？那些公立汽車檢驗場和捷飛絡（Jiffy Lube）汽車換油保養連鎖店，又該何去何從？我們的政策辯論，必須始於明顯的終局——電動車和電動卡車即將顛覆、取代使用汽油的傳統汽車與卡車，然後探討如何安然完成過渡。

同樣地，我們知道太陽能和再生能源動力，最終將取代化石燃料動力，那麼我們如何引導這項轉變？我們知道電力業將會去規模化，出現許多想把電力賣回給電力網的小型電力生產者，那麼我們要如何發展出一個開放的雙向電力網，幫助既有電力公司轉變成支援無數小型電力生產者的平台？

如同我們近幾十年所看到的，能源公司（尤其是石油業者）根基穩固，財力雄厚，花大錢於政治和遊說活動，推遲淘汰化石燃料，以捍衛自身的商業利益。我們必須幫助所有人看出，擺脫化石燃料並非壞事，這實際上是世界最大的機會，是創造就業的一部巨大引擎——想想看，替換所有的加油站，在每個住家安裝太陽能板和電池，把老電力公司的基礎設備，改建為連網的雙向電力網，這一切需要多少工作？這些工作不能外包到別的國家，必須在當地實做。擁抱這項巨大的能源業轉型，將可在人工智慧把其他工作自動化、取代人力的同時，為人們創造其他的就業機會。

金融業

目前監管金融業的法規與制度，是制定於金融巨人的年代，擔心銀行變得「太大而不能倒」，但伴隨金融業的去規模化，政策將必須進行調整。問題與挑戰將不再是來自大銀行，政策將必須思考如何應付大量新興、由軟體驅動，而且可能只存在於app的金融產品與服務。

迪吉（Digit）之類的公司，以大銀行為平台，在這些平台上發展出新型的金融服務，政策當局必須對這類轉變制定規則，讓銀行可以鬆綁，順利轉型成去規模化新創公司的平台。在這種情境下，該如何保護消費者？聯邦存款保險公司的保險制度，能夠延伸涵蓋這類金融服務app嗎？所有金融服務的合法性和法律問題，都應該交由大銀行平台去處理，平台上的新創公司無須處理嗎？或者，若一間新創公司的角色很像銀行，就應該把它當成銀行來監管嗎？

在人工智慧和去規模化的發展下，我們應該對聯邦準備理事會的角色做出探討。以往，聯準會蒐集和分析舊資料，每年召開八次會議，決定是否調整聯邦基金利率。現在，聯準會可以使用人工智慧分析種種新資料——來自失業統計部門、股市、沃爾瑪之類的零售商，以及聯邦快遞之類的物流公司的資料。人工智慧能夠持續學習經濟發展的情勢，也可望能夠經常在狀況發生之前，有效建議因應之道。於是，聯準會可以不再是每隔幾個月，根據舊資料來調整利率，而是持續調整利率——不是調整0.25個百分點，而是根據人工智慧研判即將可能發生的狀況做出微調，例如百分之一個百分點。換言之，我們可以建立由人工智慧驅動的金融政策，但是要不要、如何運作？政策制定者現在必須思考與探討這些問題，以便妥善形塑未來。

教育業

若政策得宜，去規模化可以幫助我們建立符合時代需求的較佳K-12學校，解決現在很多人讀不起大學的問題，甚至可能使許多職業不再需要傳統的四年大學教育。

建立更好的K-12學校，是教育界數十年來的目標之一，我們嘗試過特許學校和證書、協同教學（team teaching）、共同核心課程（Common Core）等，但這些都是由上而下的規模化方法。政策制定者應該改為設法讓教師自行改善課堂，讓每間教室變成高度聚焦型的去規模化單位，根據學生的需求設計、調整教學。同時，也要幫助教師採用新技術，讓他們可以透過課堂和家長與學生連結，並且結合多元化管道的學習。此外，也可以鼓勵教師多加運用由人工智慧輔助的課程，例如可汗學院的免費線上課程等，幫助每個學生以自己的步調學習，教師則是扮演教練或輔助者的角色，不再是單調地講授政府當局制定和撰寫的課程內容。

現在的大學學費太高昂，導致學生一畢業，就得背負沉重的學貸。線上大學課程——例如來自可汗學院之類的新型教育機構，或是來自麻省理工學院和史丹佛大學之類既有學校的課程——提供了另一條教育途徑，但這需要新的文憑授予方法。唯有在能夠於線上取得文憑之下，線上課程才可能真正取代傳統四年校園的教育模式。雇主可以在這方面協助推動改革——不再只是側重傳統文憑，也能接受透過線上課程持續學習，最後加總起來，教育水準可能一樣好、甚至更好的潛在雇員。我們已經看到，一些有前瞻思維的公司（例如谷歌），在招募員工時，不再那麼側重正規教育。若這種做法更加普及，就會有更多人考慮採用另類學習的途徑。

重點在於：教育體系必須配合經濟體系的需求。在上個世紀，我們創造出大量規模化的學校，以配合大量規模化的工廠和企業的需求；我們的教育體系，努力培育出適合那種經濟結構需要的人才。然而，現在很多傳統的正規學校和學習模式已經過時了，因為經濟正在去規模化，各個領域都在快速改變。儘管如此，現今大多數學校的運作，仍然和一百年前的運作模式相差無幾——我們的教育模式，是多麼地不符合時代需求？未來十年，政策制定者和教育家必須加以修正，使得教育更符合當代經濟的需求，這是無庸置疑的首要任務。

10

企業：
為規模化企業規劃一個去規模化的未來

1837年，美國內戰爆發的二十多年前，威廉·普羅特（William Procter）和連襟詹姆斯·甘寶（James Gamble）在辛辛那提共同創立了一家公司，製造蠟燭和肥皂。在當時，辛辛那提是欣欣向榮的豬隻屠宰加工業重鎮，蠟燭和肥皂是使用該行業的副產品——動物脂肪——製造而成的。兩位創辦人以他們的姓氏，來命名這家公司：寶鹼公司（Procter & Gamble, P&G）。

寶鹼公司起初成長緩慢，後來內戰爆發，該公司取得合約，為聯邦軍（北軍）供應蠟燭和肥皂，生意開始興隆。突破性進展出現於1878年，正好碰上報紙開始大量觸及消費者，鐵路可以有效率地把產品運輸到任何大城市。根據傳說故事，某天，寶鹼公司的一名化學師去吃午餐前，忘了停下製造肥皂的攪拌器，持續運轉的攪拌器使混入肥皂中的空氣多於平時製程，這種內含了更多空氣的白色肥皂可以浮在水面上（以往的肥皂都會沉入水底），寶鹼把這項產品取名為「象牙」（Ivory），銷售至全美各地。

象牙肥皂大賣，寶鹼的規模擴大了起來；到了1890年，該公司已經銷售三十種不同的肥皂。1911年，寶鹼推出可瑞斯（Crisco）起酥油，跨入食品業。二次大戰後，消費者市場起飛，寶鹼推出汰漬（Tide）洗衣粉，這是第一種專門用於自動洗衣機的大眾市場洗衣劑。到了二十世紀末期，寶鹼的規模已經擴大到成為一頭巨獸，旗下品牌超過300種，年營收達370億美元，是全球企業的超級強權之一。

美國研調公司CB洞察的分析師，在2016年發表的一份研究報告，分析種種去規模化公司從四面八方攻擊寶鹼的情形，看起來就像群蜂攻擊一頭巨熊。[1]在這份報告的描繪中，寶鹼不像高度規模化的龐然大物，強力對抗眾多新起之秀，而是擁有許多個別的產品事業，每一個都受到去規模化、敏捷、由人工智慧輔助、聚焦於特定產品的小型創新企業攻擊。

寶鹼的吉列刮鬍刀遭到廉價刮鬍刀俱樂部，以及線上男性刮鬍用品專賣店哈利氏訂戶模式的挑戰；寶鹼的大品牌幫寶適紙尿褲的購買者，逐漸被美國誠實公司的環保紙尿褲搶走；前所未見的新產品婷絲（Thinx）生理褲，挑戰了寶鹼的丹碧絲（Tampax）衛生棉條；而伊沙龍（eSalon）的「客製化」染髮劑，則是挑戰寶鹼訴求大眾市場的可麗柔（Clairol）染髮劑。

CB洞察將這種全面現象稱為「分拆寶鹼」（unbundling of P&G），這是一項明顯的徵兆，顯示任何大規模企業將在去規模化經濟時代面臨到什麼挑戰。去規模化的小公司，可以挑戰大公司的每一個區塊，它們推出的產品或服務，往往能夠更精準地瞄準特定客群，贏過訴求大眾市場的產品或服務。若去規模化競爭者，能夠有效搶走足夠的顧客，規模經濟將會對既有的大公司不利，因為昂貴的大規模製造廠和配銷系統的生產或處理量將會減少，單位成本將會提高；相反地，去規模化公司就沒有這種成本負擔。

若這是人工智慧時代的新現實，大企業該怎麼辦？為了利用規模經濟而建造發展的公司，該如何改弦易轍，妥善利用去規模化呢？

這將不容易，但一些具前瞻思維的公司，已經認知到正在發生中的新現實，並且嘗試做出回應，例如寶鹼就是其中之一。寶鹼公司推行「連結與開發」（Connect + Develop）的方案，已有大約十年的時間。在自行研發多數新產品約175年後，公司的高階主管認知到，在公司外部的聰明發明者，比公司內部自己能夠發掘出來的還要多，而且網際網路提供了很好的連結途徑。「連結與開發」方案邀請任何合適的發明人向寶鹼提案，雖然寶鹼從未如下列這樣描述這項方案，但基本上，這項方案就是把寶鹼變成利基型產品的平台，使寶鹼受益（因為公司可從新的去規模化產品攫取部分價值，而不是和那些產品競爭），也使產品創新者受益（他們可以租用寶鹼的通路、行銷和專業知識，讓自己研發的產品問世。）

「連結與開發」的方案，並沒有把寶鹼從一家大規模公司，徹底轉變成新的去規模化公司，但已經把該公司導向正確之路。根據2015年的一項調查，該公司的產品發展資產組合中，有大約45%的計畫內含透過「連結與開發」方案發掘的要素。[2]一種未來版本的去規模化寶鹼公司，看起來可能更像是一個巨大的消費性產品平台，將有大量小型的聚焦型產品或服務事業，選擇租用這個平台做為發展舞台，形同消費性產品領域的亞馬遜網路服務。

奇異公司則是另一個歷史悠久的公司試圖在去規模化時代維持生存與繁榮的例子。該公司下的大賭注，是一個名為Predix的人工智慧型工業物聯網平台。在奇異絕大部分的發展歷史中，主要業務都是建造工業用產品——在背後支撐許多產業與商業的複雜機器，包括列車頭、飛機引擎、工廠自動化機器、照明系統等。奇異在2010年代強力進軍物聯網，該公司正確掌握到，它有許多工業用產品，已經裝有監測機器效能與安全性的感測器，只要建立物聯網，這些感測器就能把資料透過雲端傳回給人工智慧系統，人工智慧就可以使用這些資料來學習各種不同的機器。

Predix平台上的資料，能夠幫助奇異公司優化自家產品，例如，人工智慧從所有奇異列車頭反饋的資料中獲得的學習，可以幫助鐵路公司讓奇異列車頭運作得更好。在這個去規模化的時代，奇異也開放Predix平台給其他公司使用，將Predix稱為「工業應用的雲端型作業系統」。其他公司可以利用這個平台，研發學習如何讓工廠運作得更好的軟體。

奇異有一個Predix目錄（Predix Catalog），運作就像是工業軟體開發者的應用程式商店。Predix部落格中寫道：「這個目錄內含五十多種服務與分析，旨在為你節省時間與精力，同時讓你符合工業物聯網的要求。每當你創造出可以被他方再使用的東西時，請把它貢獻回你的組織的目錄中（或甚至貢獻回Predix中！）」[3]奇異還舉辦「Predix轉型」（Predix Transform）研討會，讓工業軟體開發商互相交流學習，藉此協助建立一個Predix生態系統。

跟寶鹼一樣，Predix並未完全改造奇異公司，但這是奇異善用去規模化的一種方式：使用自家的技術和資料，創造一個供他方租用的平台。

2016年，沃爾瑪以30億美元，收購了電子商務平台Jet.com（我們廣通育成曾經投資過這家公司。）如第8章所述，沃爾瑪是規模化的超級明星，現在則是高度受到零售業去規模化的威脅，這是它願意花30億美元買下這個當時創立僅兩年、還不穩固的公司的原因。Jet.com是一個供其他零售商租用的人工智慧型電子商務平台，使用人工智慧，根據許多因素（包括一名顧客現在購買多少數量，身處之地距離產品多遠等），持續不斷地調整價格，目的是讓消費者盡可能取得最低價格，甚至低於沃爾瑪的售價。平台上銷售的產品，大多來自獨立零售商，目前平台上有超過兩千種產品。它向零售商推銷的是，Jet.com本身不會和零售商競爭，不像亞馬遜那樣，會和使用亞馬遜市集（Amazon Marketplace）的零售商競爭。

從某個角度來看，沃爾瑪收購Jet.com，是要取得它的智囊團和創新技術；但從去規模化的角度來看，沃爾瑪似乎是在嘗試平台策略。或許，Jet.com將演進成一個平台，讓專門瞄準利基型消費者的零售商，可以租用沃爾瑪的力量，向任何地方的任何人銷售實體產品。

過去數百年，儘管規模化時代喧囂發展，小公司依然存在，很多公司雖然保持小規模，還是相當成功。在大舉規模化的年代，中小型企業依然是美國經濟的骨幹；根據美國人口普查局，2010年，美國約有3,000萬家小型企業，員工數超過500人的公司，也不過18,500家。[4]

不過，在規模經濟當道的年代，當一家大規模公司直接和一家小型企業競爭時，小型企業通常是輸家。一個很明顯的例子是：在過去二十五年間，所有美國小鎮主街上的零售商店，幾乎都不敵沃爾瑪。

但是，在去規模化的年代，我們將會看到大吃小的情勢逆轉。在未來十到二十年間，仰賴規模經濟為競爭優勢的公司，將會發現自己愈來愈失勢了。在面對聚焦型去規模化企業時，它們將日益處於劣勢。不過，就像小型企業在上個世紀並未消失，在去規模化的年代，大型企業當然也不會消失。然而，不能順應時勢改變模式的大公司，將會發現業績受到影響，如今一些巨人將可能倒下。

《財星》500大中最優秀的領導人，將設法改造公司以因應去規模化的年代。但是，他們將怎麼做，目前無從得知，不過我們可以看出現在浮現的一些戰術梗概，例如前述寶鹼、奇異和沃爾瑪的例子。下列是企業可以在去規模化經濟中，持續與時俱進、扮演要角的一些途徑。

成爲平台

寶鹼公司的「連結與開發」方案、奇異公司的Predix，以及沃爾瑪收購的Jet.com，都採用了這種戰術。本書第3章探討過電力公司必須改變，朝向平台心態，把電力網改造成一個能夠支持許多小型能源生產者的系統。第6章探討過，大型銀行可以如何變成平台，以支持迪吉之類的聚焦型金融服務app。

不過，這當然不是說，每間企業都必須變成平台，否則就會衰亡。然而，在去規模化的年代，一個成功的平台策略，就像一條成長途徑。平台可能非常賺錢且耐久，因為一整個生態系統的公司將會仰賴平台，追求它們的成功。這也是亞馬遜網路服務成為亞馬遜的賺錢引擎的原因，它的營業利潤高達23.5%，遠高於亞馬遜零售事業的3.5%。[5]

業務繁盛的企業花費數十年的時間，為所屬產業建立高度專業化的規模，建造有效率的工廠、配銷通路、零售店、供應鏈、行銷技能和全球夥伴關係。但現在它們必須思考，單純把這些能力出租給其他公司，就像亞馬遜網路服務出租電腦運算能力給上百萬的活躍客戶，是不是一門好生意。

想像福特汽車成為一個製造汽車的平台，讓數百家小公司在平台上設計創新的新型運輸工具，成功研發製造、進行銷售、交車給車主，讓這些小公司服務利基型市場而賺錢。或者，百威英博不再收購啤酒品牌，而是變成一個啤酒平台，讓小型啤酒釀造廠可以租用它的能力，只要在網頁上點擊幾下，就能把它們釀造的新啤酒推到市場上。

這樣的發展，與科技公司在過去幾十年變成平台的過程剛好相反。科技新創公司通常一開始做小的東西，例如一款單一目的的app；舉例來說，臉書一開始是頂尖大學校園裡的學生通訊錄，Stripe起初只處理線上支付。但是，一些聰敏的公司在顧客成長到一個足夠數量時，會開始讓外面的開發人員和用戶利用它們的技術；換言之，它們蛻變成為一個平台。

臉書讓用戶為企業和搖滾樂團建立粉絲專頁，也讓遊戲開發者和新媒體在平台上發行。Stripe創建一個「Stripe Connect」平台，投入1,000萬美元，支持使用平台的公司與商家，後來又推出名為「Atlas」的服務，幫助世界各地的新創公司，打理在美國註冊、取得美國銀行帳戶等的事務。Stripe共同創辦人派屈克．柯里森說：「我們想要逐漸發展成代管所有的商務和營收事務，讓新創公司能夠專注做產品，做到差異化。」這是一項宏大的目標，將使Stripe充分利用、也幫助推動去規模化紀元。

之前的科技公司是由下而上地建造平台，反觀現在的大企業則是必須採行相當新的做法：藉由拆分自己，創造平台。

順帶一提，在平台事業領域，單一公司通常會囊括大部分的市場，微軟和谷歌難以和亞馬遜網路服務競爭，就是一個很好的例證。因此，在任何市場領域，率先轉型成為平台的企業，可能取得極大的優勢。若我是一家《財星》500大企業的執行長，現在就會研究平台策略，投資發展像「連結與開發」方案、Predix、Jet.com之類的早期版本。

完全聚焦發展產品

當公司規模壯大時，往往在流程、科層組織、政治、股價等各種與發展優異產品無關的活動中迷失焦點。大企業試圖打造迎合最多人的產品，這樣它們才能夠達到規模經濟、賺更多的錢。但是，在去規模化的時代，生產這種迎合大眾市場的產品，將變成一個致命弱點，而聚焦於產品的小型競爭者，將會瞄準這個弱點加以痛擊。

在去規模化的時代，大公司將會變得更像是集合了許多小單位的網絡，每個單位完全致力於打造一個對其市場區隔而言完美的產品，而公司的其他能力將會出租。外包是持續了幾十年的趨勢，讓公司拆分「非核心」事務與作業，例如蘋果或耐吉把製造作業外包到中國，網飛把串流服務掛在亞馬遜網路服務平台上，而不是自己建立資料中心。下一代的去規模化公司，將會把更多事務和作業外包出去，比方說，薪酬計算發放和其他人資功能，可以向各事託（Gusto）這樣的公司租用，該公司目前服務的對象是小型企業，但未來可能連大公司都會使用它的服務；至於支付處理，則可以租用像Stripe這樣的服務。凡是與發展優異產品無關的事務和作業，全都必須外包。

新型的管理團隊將領導這種專注於打造產品的公司，成功的企業將不再是由擁有企管碩士學位的人才領導，而是由專長於產品設計和平台經營的人才領導，在賈伯斯（Steve Jobs）執掌下的蘋果公司堪稱是最佳例子。蘋果公司向來不是一家去規模化的公司，它是典型的瞄準大眾市場、「你喜歡什麼由我們說了算」的公司，但在賈伯斯執掌下的蘋果，變成了一家創造平台的公司，尤其是iPhone、App Store、iTunes，這是大型公司可以做到的轉變。

幾乎企業所做的每一件事，都會受到去規模化心態的影響。它改變公司招募的人才類型——專長於產品設計與研發的人才，而非專長於流程的人才；它影響購買公司股票的投資人類型；它不再那麼側重品牌（因為品牌是大眾市場消費者文化下的人為產物），而是改為比較側重產品體驗；它讓組織架構圖翻轉過來，由產品創造者左右決策，高層則是提供創造產品的平台。二十年後的《財星》500大企業，將更像是集合了許多小公司的一個網絡，而不是本世紀早期的企業巨人。

靠動態再綑綁成長

在去規模化經濟中，贏家將是那些使每個顧客感覺像身處一人市場的公司，針對每個人量身打造的產品與服務，將會贏過大眾市場型的產品與服務。但是，我可以預見，供應多種產品的企業，會有一條取得優勢的途徑：一旦公司更加了解購買某項產品的顧客之後，就可以有效推薦更多合適的產品給他／她。事實上，大公司可以針對每一個顧客，綁售、交叉推薦多項合適的產品。

稍微看一下美國誠實公司的發展，就可以了解這種成長途徑。美國誠實公司在2012年開始，以入會訂戶模式銷售有機尿片和濕紙巾。頭一年，該公司創造了1,000萬美元的營收，贏得了一群利基型顧客，這些顧客想要不同於大眾市場品牌的利基型產品。該公司因為了解這一點，便開始發展其他產品，包括洗髮精、牙膏、維他命等，到了2016年，已經發展出135種精確瞄準的利基型產品。然後，它可以針對每個顧客，挑選、綑綁最適合的一組產品，使得每個顧客感覺自己是美國誠實公司的一人市場。2016年，該公司的銷售額已經超過1.5億美元，就這樣美國誠實公司變成一個迷你版的寶鹼，供應廣泛的品項，但兩家公司有一個很大的差異：美國誠實公司了解它的顧客，能夠據以綑綁各種產品；而寶鹼的每項產品，都是一個獨立的品牌，在商店裡販售給該公司從未真正了解的人群。

這種再綑綁的銷售模式，讓一間公司能夠仿傚利用規模優勢，但實際上並未建立規模，仍然能夠保持敏捷與創新，聚焦於供應產品，透過有效的產品資產組合，擴大對每一個顧客的銷售額。未來的寶鹼，可以變成一個多元化的平台，上頭有很多聚焦於產品的事業，因此擁有足夠的資料可以了解每個顧客，針對每個顧客動態綑綁、供應一組產品。在我看來，這是最聰敏的企業在去規模化時代，能夠採行的絕佳經營策略。

Day 1 & All Turtles

想一窺未來的企業面貌，首先來看看亞馬遜公司的經營理念，再來關注一個名為All Turtles的新型新創公司育成模式，這是我們廣通育成湣資支持的創業工作室。

亞馬遜公司執行長貝佐斯，在2017年發表了一封致股東信，闡釋一個他稱為「第一天心態」（Day 1）的概念。他在信中寫道：「數十年來，我一直提醒員工，現在是第一天。我原本辦公的那棟亞馬遜大樓名為Day 1，當我搬到其他大樓辦公時，一起帶走了這個名稱。我認真思考這個概念。」[6]

亞馬遜是一家巨大的公司，光是2016年第四季，它的營收就高達437億美元。貝佐斯在發表這封致股東信時，亞馬遜的市值為4,340億美元，是美國市值排名第四高的公司，僅次於蘋果、Alphabet和微軟，但貝佐斯一直致力於確保亞馬遜永遠是非常去規模化的巨人。他在這封信中寫道，「第一天心態」是指持續不斷地在亞馬遜內部創立敏捷、聚焦於產品的新事業——能夠在亞馬遜企業平台上快速建造，而且感覺像是一直處在創立第一天的那種事業。在貝佐斯看來，「第二天」就是事業被本身規模拖住腳而停滯的時候。

貝佐斯如何永遠保持第一天心態呢？他在信中坦承：「我不知道完整的答案，但我可能知道部分答案。」他提出四點，他認為這四點，就是保持第一天心態的基本思維，而這四點和去規模化吻合。

1. 全心全意顧客至上（true customer obsession） 在去規模化的時代，贏得你心的產品是那些使你感覺像是身處一人市場的產品，為了做到這樣的境界，公司必須對顧客有深度的了解，願意打造完全迎合這個顧客區隔的產品，不論這個區隔有多小。大公司往往沒有做到這樣的境界，而是致力於打造能夠吸引最廣泛顧客的產品。貝佐斯在信中寫道：「為了保持在第一天的狀態，你必須耐心實驗，坦然接受失敗。你必須播下種子，保護幼苗。看到顧客開心時，就勇於加倍下注。」因為這種方法，多年來，亞馬遜推出了Kindle、亞馬遜網路服務、Alexa等產品與服務，一直進化。

2. 拒絕代理（resist proxies） 規模過大的公司，可能迷失於管理不要緊的東西，例如流程。為了妥善管理一個龐大的帝國，公司必須建立很多流程，讓員工遵循。貝佐斯寫道：「流程經常變成人們聚焦的東西，不是注意結果，只是確保把流程做對。」其他的有害代理，包括以市場研究取代確實了解顧客。貝佐斯在信中提醒：「身為提供產品與服務的業主，你必須了解顧客。你要有願景，熱愛你自己供應的東西。」這聽起來像是對一家新創公司的訓示，貝佐斯希望亞馬遜感覺像是一個眾多新創事業的集合體。

3. 擁抱外部趨勢（embrace external trends） 貝佐斯寫道：「大趨勢不難辨察，它們經常被談論、著述，但奇怪的是，大型組織有時難以擁抱大趨勢。」舉例而言，報業公司早知道網際網路來臨，但很多報社拖延到太遲了，才進入線上。若一家大公司營運得更像是許多小而敏捷的公司的集合體，那麼更可能辨察新技術和顧客喜好的改變，並且做出適當反應。

4. 高速決策（high-velocity decision making） 這點十分切合去規模化的戰術，誠如貝佐斯的告誡：「絕對別使用一體適用的決策流程」，而是讓較小的單位根據它們的洞見和顧客的條件，自行做出決策。當公司規模愈大，就變得愈加複雜，決策也似乎變得愈複雜。主管常常覺得需要大量的資料和訊息，才能夠做出決策，這導致了停滯，開始了「第二天」。公司必須像處於「第一天」那樣做出決策，若證實決策錯誤，就做出修正，繼續前進。

如同貝佐斯承認的，這些觀念只是如何保持「第一天心態」的部分解答，是以，這些觀念或許只是一家大公司如何運作得更像去規模化組織的起步而已，但無疑地，貝佐斯相信，現在的企業必須運作得更像是去規模化組織。

這就把我們的焦點，帶到All Turtles這家公司了。這是我們廣通育成在2017年春季推出的一項實驗，我們不知道它會如何發展，但這是對去規模化時代創業前景下注，也是對本書闡釋的許多概念下注。

All Turtles是菲爾．利賓（Phil Libin）的構想產物，利賓在擔任軟體公司Evernote執行長八年之後，進入廣通育成成為我的同事。在公司，我們經常談論去規模化，探討去規模化可能對事業的創建與組織架構方式有何涵義，以及這些將如何影響創投模式。其實，把去規模化的概念推演至一個邏輯結論，你可能會想：幹麼要創立一家公司呢？任何人若有一個創新的產品點子，基本上都應該能夠租用到一家公司的所有功能；換言之，創新者可以讓別人把所有的規模，包括電腦運算、雲端、財務、支付、工程、行銷、通路、法務等全部結合起來，形成一個可租用的平台，創新者只需要打造產品，把產品掛到平台上，讓平台去做其餘的事。

我們想知道，是否真有方法可以這麼做，而且仍讓創新者能從平台上的事業群獲益？我們想尋求某種版本的最適去規模化——把創投模式和亞馬遜的「第一天心態」理念結合起來。

利賓提出了他稱為「工作室模式」（studio model）的構想，我們把它想成就像HBO或網飛經營的現代電視工作室，某個人帶著一個創新的好點子來到工作室，若工作室喜歡這個點子，就說：「好，我們會提供資金，並且集合專業人員，做先導研究。若我們喜歡先導研究的結果，我們有一個平台——一個工作室和通路系統，可以幫你做接下來的事，把這個點子帶到潛在顧客的面前。」身為創意提出者，你不需要招募、籌組一整支團隊，不但要設法募集資本，找辦公室，還要做許許多多類似的雜務，你只要專心創造產品或服務就好了，其他的交給平台來做。

但我們構想的All Turtles，還不止於此。這些工作室將會有實體辦公室，創新創業者可以到辦公室工作，彼此交流。利賓計畫在世界各地設立工作室，事實上，我們希望藉此利用來自世界各地的好點子，不是只局限於矽谷。此外，我們想讓所有的創新創業者取得整個生態系統的股份，若All Turtles喜歡你的點子，讓你加入這個平台，你將會擁有你的事業的股份，但同時也會獲得整個創業計畫池的部分股份，這是為了鼓勵你幫助All Turtles共同體中的其他人和其他新創事業。

利賓說：「你可以稱此為一種協會，只要加入這個協會，你就有說話權，決定讓誰加入。我們認為，這也許可以顛覆公司的概念，有更坦誠的架構，你忠於這個協會，目標是招來最好的人才，打造出優異的產品，大幅度擴增創業計畫和計畫參與者。」

若運作順利的話，經過幾十年的發展，All Turtles可能變成一個巨大的全球事業，但也是完全去規模化的事業。它將是家非典型公司，由許多聚焦於產品的小公司結合而成，每間小公司針對高度瞄準的目標客群提供產品和服務，但擁有如同全球性企業巨人那樣的平台。

別忘了，在亞當和夏娃出世後的很長很長一段時日，是沒有「公司」這樣的東西存在的。它是工業時代的發明物，用以管理一個屋頂下的規模與複雜性。公司促成了規模，但公司也是規模的產物；因此，去規模化時代需要新的組織架構，是有道理的。也許，新的組織架構看起來就像All Turtles，或是像某個目前還不存在的東西。無論如何，可以確定的是，在不久的將來，將會出現某種非典型公司。

11

個人：
人人都是創業家，把人生當作新創企業經營

我有三個孩子，在撰寫本章之時，他們分別是13歲、8歲和3歲，邁入去規模化經濟的轉變，將大大影響他們的人生。所以，我如何跟他們談教育、職業和生活呢？他們的人生路，可能完全不同於我所知道的東西，例如，依年齡來看，我想，我家老大可能會認為，讀傳統的四年制大學仍然是幫助進入職場的最佳途徑，但我不確定對我家老么而言，仍是如此。到了他上大學的年紀，讀傳統大學可能不再是最佳選擇了。

我們對教育的想法將會改變，因為我們對工作的想法也將會改變，這兩者是息息相關的。事實上，去規模化時代的事實之一是：工作和教育將會混合。上學近二十年後進入職場，餘生都在工作，這種概念將變得可笑。未來，

我們的整個人生，將是由學習與工作交織，我們將會更早開始工作，並且在更後面的人生中，繼續學習全新的知識與技能。

那麼，個人應該如何規劃在去規模化經濟時代的生活與職涯發展呢？要領是：過我所謂的「創業生活」（entrepreneurial life）。

創業生活

在二十世紀，絕大多數的人過的都不是創業生活。當然，創業者一直都存在，甚至在還沒有「創業者」這個名稱之前，就已經有創業者了。但是，在規模化經濟時代，人們普遍想的是找一份穩定的工作，有很好的職涯發展。對以往的美國世代來說，成功途徑是取得良好教育，在大公司找到一份全職工作，隨著資歷累積，在公司的階梯上爬升，然後在65歲退休，領退休金度過餘生。但是，現在出生的孩子在成年時，前述這樣的職涯發展策略已經變得不牢靠了。未來數十年，一切將會改變。

別忘了，全職工作其實並不是一種自然的人類存在狀態，1800年代中期以前，很少人的工作是規律地工作一週。早年的實業家提出這樣的概念，是因為他們必須把工作者同時間聚集在工廠裡，有效率地製造產品，或是把他們同時間聚集在一個辦公室裡，因為通力合作的唯一方式是大家實際坐在同一間辦公室裡。過去數百年，一週工作40小時是工作生活的核心，因為沒有更好的方法，可以把人們同時間集合於一地做事。

大公司留住員工數十年，為的是建立規模。公司若要擴大規模，不斷地增加業務，建立更高的進入障礙，就需要人員，而且是很多的人。以往的公司會留住員工，再增加更多員工，為的是擴增公司規模。

在去規模化經濟中，更好的策略是保持類似新創公司的心態，或者以貝佐斯的話來說，就是保持「第一天心態」。這意味的是，最好維持小規模的核心員工團隊，其餘所需的人力，採用租用的方式，包括透過Upwork之類的平台或工會，租用技能與人力，以及租用各事託（Gusto）和Stripe等公司以軟體自動化的能力。網際網路、雲端運算、軟體、3D列印，以及其他的新科技，使全球各地的人們和小公司，可以在不須聚集於一地之下，通力合作，完成工作。

大工廠和辦公室將被雲端的分散式作業取代，工作內容將視當下的需要，不斷地改變。

對許多人而言，二十世紀型態的全職工作將會消失，在單一領域中沿著一定途徑而行的職涯概念，也將隨之走入歷史。我們的社會已經感受到這些發展，現在可以看到因為自動化和外包、工廠裁員，或是在零工經濟（gig economy）的興起之下，人們以全新、多元化的方式維持生計。去規模化正在拆分公司，也在拆分工作；跟產品或服務變成一人市場一樣，就業市場也正在變成單一技能市場——雇主並非總是需要你所有的技能，通常只需要你能夠在特定的一段期間做某件事。

這種去規模化和拆分工作的趨勢，將只會愈來愈加速，沒有任何一個政治人物能夠阻擋這個趨勢，雖然有些或許能夠稍微減緩。在新興的去規模化經濟中，身為個人，你的最佳策略不是和發展中的力量作對，而是加以利用。雖然去規模化正在侵蝕「就業保障」這個舊概念，但是新的機會也將來臨，取而代之。

你已經在本書中一再讀到，去規模化將使任何人更容易創立一個事業，藉由租用規模來競爭。這意味的是，任何有點子的人，都可以快速、不昂貴地創業，開始做起生意。所以，首要的是，在去規模化時代，成功者將是具有創業精神的人。他們不會全都成為下一個祖克柏，創立一家近乎畢生投入全部身心的公司；許多人將在整個生涯中，創立多個來來去去的小事業。我們將過更偏向創業的生活，這個概念已經在科技圈，變成廣為接受的智慧。

2012年，領英（LinkedIn）的共同創辦人雷德．霍夫曼（Reid Hoffman）和班．卡斯諾查（Ben Casnocha）在合著的《自創思維》（*The Start-Up of You*）中寫道：「人人

都是創業家。」他們說，為了在現今的經濟中，加速經營你的職涯，你必須擁抱這種精神。近年來，許多書籍和自助主題的研討會，也都在倡導這種觀點，這是有充分道理的——在去規模化經濟中，這是個人的成功之道。

當個「創業者」，並非僅指創立一家公司。技術平台提供了種種銷售你自己和你的資產的途徑，我們已經看到非常多元化的運作方式，例如Airbnb讓人們出租多餘的房間來賺錢，或是車輛共享平台Getaround讓人們出租個人汽車，當然還有Uber，為人們提供當司機賺錢的途徑。至於Upwork之類的平台，讓個人可以推銷自己的技能，例如寫作或程式設計等；Shapeways則是讓任何人可以設計一款產品，然後把它3D列印出來，賣到世界各地。這些使得專業人員可以擁有多面向的職涯，以及多元化的收入來源。

這到底是好是壞？取決於個人觀點。很多人悲痛於失去公司工作飯碗提供的保障、連續發展性、各項福利等，但對很多人而言，首先，不容易取得一份好的公司工作，其次，很多受雇於公司的員工覺得工作乏味極了，每天被公司朝九晚五地綁住，做的工作激發不出熱情。

伴隨工作的去規模化，我們每個人將有更多的選擇，可以選擇要做什麼工作、在何時做。你應該加倍投注於你的熱情所在，找到你真正想做的事——你特別擅長的事，向所有上門者推銷。去規模化讓我們有機會做我們真正熱愛的事，讓我們每個人可以掌控自己的工作，同時讓我們對自己的福祉和所得負起更多的責任——是的，這是一種負擔，但也帶來令人快樂的自由。

較年長的世代可能對這種多變的創業生活感到痛苦，但我們已經知道，較年輕的世代傾向偏好工作更加去規模化。人資顧問服務暨研究公司未來職場（Future Workplace），最近所做的一項問卷調查發現，91%的千禧世代受訪者預期，自己待在一份工作上的時間不會超過三年，他們想要彈性工時，而且能夠選擇他們想要的工作場所。對年輕世代而言，這些彈性政策，比薪資更為重要。[1]

全職工作將會完全消失嗎？不會，但將不同於以往。在去規模化經濟時代，如同各事託執行長約書亞．里夫斯（Joshua Reeves）所言，小公司能夠和大企業競爭最佳人才，就如同去規模化讓小公司能夠和產業龍頭搶消費者一樣。因此，將有更多想要全職工作的高績效人才捨棄大企業，轉向去規模化的小公司尋找全職工作。[2]

在那些小公司工作，感覺更像是加入社群，而不是被安插在一個公司階層裡。這個社群期望你能夠做出貢獻，但不會命令你，你本身為你的成功肩負起更多責任，公司對此肩負的責任較少。換言之，縱使是全職工作，你也必須展現出創業精神，才能夠成功。

過創業生活也是保持領先於人工智慧的一條途徑。人工智慧將把愈來愈多的固定程序性質工作自動化，甚至包括由高薪專業人員所做的一些工作。華爾街交易員和醫事放射師的工作被自動化的可能性，並不亞於卡車司機和零售店店員的工作。人工智慧擅長學習人們重複做的事，但人工智慧不善於看出新機會，也不善於發明新的做事方法。若你能夠保持創新的能力，人工智慧的幽靈就不大可能來威脅你。

那麼，未來的工作，將會是怎樣的面貌呢？未來的生活，可能是不斷地變換忙碌程度不一的工作，你可能會創業、自由接案，或者兼副業，將不是只從事一種職業，而是擁有許多份的微型職業。你將不再每天工作八個小時，每週工作五天；而是在不同天，在不同場所，做不同的工作，工作時數不一。十或二十年後，你可能出售你家屋頂太陽能板產生的多餘電力，來賺一些外快；或者，你可能購買一輛自動駕駛汽車，在你不使用的時段，讓它去Uber平台提供載客服務。把所有這類活動加總起來，你將是不斷變化、多面向的「一人創業事業」（entrepreneurial business of one）。

如前文所述，政策制定者必須幫助工作者，從逐漸走入歷史的規模化全職工作世界，安然過渡至新興的去規模化創業工作世界。若社會無法做到這點，人工智慧把一種又一種的固定程序性質工作自動化，將會出現一個龐大的失業階級，屆時我們將必須考慮某種版本的全民基本收入方案。

解方的重要一環可能是線上教育（例如可汗學院提供的線上教育），但這是一個我們必須處理的複雜問題。就如同幾世代以前，為了幫助農業人口安然過渡至工業時代生活，因此設立了學校和其他機構；同理，為了幫助人們安然過渡至全新的創業時代，將需要發展新類型的教育機構。

去規模化經濟所需要的學校教育與學習

這把我們帶回到教育這個主題上。若你的職涯將轉變為終生一人創業事業，你將如何看待學校教育和學習呢？

我的孩子就讀於我幫助薩爾曼・可汗創立的可汗實驗學校，該校位於加州山景市，和可汗學院總部同棟建物。這所學校的課堂設計，旨在培育學生成為未來時代所需要的人才，能夠適應未來的工作生活。如同我在第5章詳述的，該校積極採用科技來幫助學生以自己的步調學習，也鼓勵學生以小組模式研究與解決問題，使他們學習如何通力合作，因為若他們將來創立事業，或是解決一項計畫裡的一個難題時，將需要和他人通力合作。教師變成教練暨指導者，指導學生如何學習，如何通力合作。

我相信，在可預見的未來，學生將仍然需要去實體教室上課（而非只是在家中，透過線上課程，遠距學習），但課堂的角色必須改變。我想讓我的孩子從老師和其他同學那裡，學習社交、情緒和領導技巧。他們也需要學習如何從可汗學院之類的線上資源、從麻省理工學院或史丹佛大學的線上課程，或是從其他原始資料或軟體，尋找知識。這類技術讓學生以自己的步調學習，鑽研熱中的主題。

最重要的是，課堂應該把所有這些要素匯集起來，讓學生學習系統思考。數學、地理和歷史，不應是區分開來、各自獨立的學習，學生必須學習如何把學到的東西加以融會貫通，並和其他人通力合作，解決現實世界的問題——這就是系統思考。

多數人不像我這麼幸運，能把孩子送去這樣的實驗學校就讀。然而，我們還是必須思考一種新的教育／學習方式，幫助我們的下一代準備好面對未來數十年的工作和生活。每個家長應該敦促孩子就讀的學校，擺脫那種為規模化工廠及辦公室工作而培育學生的教學方法，改為採納去規模經濟時代培育學生的教學方法。

完成高中教育後，學習與工作必須交織起來，我們將修正「年輕時學習，出社會後一直工作到老」的觀念。本書第5章探討了雲端教育，這將在我們的職涯中扮演重要的角色，我們將必須持續跟上科技的變化、吸收新資訊，我們將必須選擇終生學習，以滿足自身熱情的改變——

年輕時，你可能喜愛某種工作，但後來，你可能想參與一個全新的領域。新興的線上學習，將讓我們取得所需的教育，這將是我們的職涯燃料，持續餵養我們的職涯發展需求，使我們持續變得更好。

這會是更好的生活方式；畢竟，規模化經濟要求我們學會服從，我們的工作主要是幫助自己任職的規模化公司，很多上班族以自動駕駛的模式工作許多年，做著一份自己也不知道喜不喜歡的工作，賺取薪資過活。反觀，去規模化經濟讓我們有機會選擇自己的熱情，並且幫助我們發展自己的熱情，找到市場，發揮個人價值。更多人將可能做自己真正想做的事，學習自己真正想學的東西。

如何看待人工智慧與虛擬實境帶來的影響

未來，有兩項科技將對工作造成特別大的影響：人工智慧與虛擬實境。你應該如何看待這些發展？

在人工智慧世紀，成功者將聚焦於那些利用人類獨特才能的工作，例如社會互動、創意思考、使用複雜資料做決策、發揮同理心，以及疑問與探究的工作等。人工智慧對於沒有取得的資料，無法加以自主學習、思考。人工智慧可以根據你已經喜歡看的內容，預測你想在臉書上看到什麼，但它無法有效預測到，你可能也喜歡截然不同的內容，只有人類能夠如此具有創意、同理地思考。誠如凱文．凱利在《必然》中所言，在一個按鍵即可獲得解答的年代，最有價值的人才，將是那些提出最有趣疑問的人。[3]

人工智慧的擁護者說，人工智慧將和人類通力合作，不是和我們競爭。專長於癌症疼痛舒緩的麻醉學家M．索麗達．塞佩達（M. Soledad Cepeda），談及人工智慧在她的研究工作中做出的貢獻。她說，人工智慧軟體能夠用兩秒鐘的時間，分析一名研究助理得花兩週鑽研的資料與文本，讓助理可以去做更需要思考的工作，加速科學家研究療方的速度。[4]

因此，我相信，未來二十年，最成功、最有影響力的人，將是那些了解如何與人工智慧合作的人。人工智慧可能看似嚇人，但它是人類有史以來打造出的最強大工具，那些能夠有效利用人工智慧搭配人類特有思考能力的人，將能夠解決重大的問題，為我們創造出目前想像不到的發明。下列是我對所有人的首要職涯忠告：學習如何使用人工智慧，幫助達成你的夢想。

說也奇怪，儘管媒體報導一直警告人工智慧可能帶來的衝擊，我反而更擔心虛擬實境技術可能對我們帶來的衝擊。

未來，虛擬實境體驗將好到足以媲美真實世界的體驗，這點無庸置疑。只要看看現在的電玩遊戲，提供如同電影般的寫實體驗就知道了。想像一下，沉浸於視覺如此豐富、能夠引人共鳴的世界，會是什麼樣的感受？現在，想像其他人和你一起存在於這個世界，你能夠和他們交談，也能夠觸碰到他們，和他們一起工作或運動；到了2020年代，虛擬實境技術將能夠發展到這麼好。

這樣的發展，將會催生出虛擬實境世界裡的多元化商業活動。你在虛擬實境世界需要的東西，無論是衣服、更快的反射動作，或是酷炫夜店的門票等，都可以買到由軟體創造出來的虛擬版本。有商業，就有工作機會；一個在虛擬實境世界中的你——你的化身，可能會銷售這類衣服，或是指導其他人的化身，如何更會使用軟體，或是經營一家酷炫的夜店。

人們待在虛擬實境世界的時間，有可能會愈來愈長，因為對許多人而言，那樣的世界很誘人。想想看，當一個青少年花很多時間打電玩時，父母有多憂心？虛擬實境世界將會十分誘人，尤其是對那些尋求脫離現實世界的人而言，更是如此。若某人在虛擬實境世界裡有工作、很多朋友，很喜歡待在那樣的世界裡，又怎麼會想要離開那樣的世界，回到真實世界裡呢？很久以前，科幻小說——例如尼爾．史蒂芬森（Neal Stephenson）所寫的《潰雪》（*Snow Crash*）——就已經預測到，將可能會有大量人口遁入虛擬實境世界裡。

這將引發一些生存疑問。若我們在虛擬實境中，創造了一個另類社會，這對真實世界社會有何涵義與影響？甚至，對基本的人類價值觀有何涵義與影響？（如果你在虛擬實境世界殺死某個人的化身，能夠不受到懲罰嗎？若你在虛擬實境世界裡的化身，對你、你的工作和你的人際關係很重要，那麼你在虛擬實境世界和在真實世界，又有多大的不同？）若人們太容易從真實世界的問題中逃離，遁入虛擬實境世界裡，那將會是怎樣的情形？我們還會那麼關心全球暖化、想要維護美麗大地，或是在乎鄰居說話就不能溫和一點嗎？人們會不會在虛擬實境世界裡，找到人際互動的替代品，就此放棄真實世界裡的人際互動呢？

虛擬實境是很棒、前景看好的技術，我將會持續投資這個領域，也鼓勵人們好好了解，創立利用或發展相關技術的公司。虛擬實境技術將能夠在教育領域扮演重要的角色，我希望我的孫子輩能夠藉由虛擬實境技術，體驗美國在1929年到1933年大蕭條時期的生活，好好學習那段歷史，感受一下在那種境況下找工作的滋味。虛擬實境將是一種迷人的新媒體，我們可以藉此獲得娛樂、運動、吸收新聞資訊等體驗，好好掌握相關技術帶來的商機吧。但我實在也忍不住憂心——拜託，可別把它搞得太真實了！

我不問我的孩子長大以後想做什麼，現在問這個沒什麼用。科技發展和去規模化的力量，改變這個世界的深廣程度，遠甚於1900年代初期以來的任何時期。一些現今薪酬優渥的工作，二十年後將不復存在。2030年的熱門工作，是我們現在完全想像不到的全新種類工作。任何個人所能採取的最佳策略，就是保持好奇心、有抱負、能夠調適、願意終生學習、有能力做多種工作，同時打算有不同的職業發展。請對自己承諾，你將留意你的熱情所在，充分了解你在哪些領域具備比較強的能力，然後好好發展。

我甚至不知道我以後要做什麼，人工智慧和去規模化，將改變我的創業與投資工作，但我對此感到興奮。我羨慕以前的世代，他們經歷了汽車從玩具變成改變真實生活的機器，飛行從科學實驗變成人人都能做的事情，並且參與媒體從報紙演進至電台、再演進至電視的新紀元。現在，我正在參與、經歷一個類似的科技、商業與社會的新紀元。

我一直都是樂觀主義者，規模經濟大大造福了人類超過一世紀的時間；我相信，人工智慧世紀的去規模化經濟將會更好。未來二十年的目標，是建造出一個更好的體系，使我們變得更快樂、能做自己想做的事、創造我們以為不可能創造出來的東西，使世界和平、繁榮發展。每天看新聞，可能會令人覺得這些是太過宏大、難以置信的目標，但我相信，我們正處於一個不凡時代的開端，我迫不及待想要參與其中。

謝詞

我的工作一直都是一種通力合作的流程，這本書也不例外。本書的寫就與出版，我要感謝許多人。

首先，我要感謝我的太太潔西卡，讓我在原本已經十分忙碌的行程中，從原本陪伴我們的孩子——阿賈、阿雅和伊莎貝拉——的時間，撥出來寫這本書，尤其是週末！

感謝廣通育成的夥伴們，給予我的支持與建議。我也要感謝我們投資的那些創業者提供了一些精闢洞見，願意讓我在這本書講述他們的故事。

針對這本書的內容，我要特別感謝廣通育成的團隊成員克萊兒・貝克（Claire Baker）、朗達・史考特（Ronda Scott）、史班塞・拉澤（Spencer Lazar）和阿曼・阿里（Armaan Ali）。感謝他們貢獻的好主意，以及從研究到後勤等諸多事務上的協助。

我要感謝哈佛商學院教授吉姆·凱許（Jim Cash），以及先前任職於美國商務部的吉姆·霍克（Jim Hock）對我在一些思考上提供的協助。我要感謝我們的經紀人吉姆·樂文（Jim Levine）從一開始提供的各項建議與幫助，同時感謝本書編輯約翰·馬哈尼（John Mahaney）協助監督本書完成。

由衷感謝丹尼·克理奇頓（Danny Crichton），幫助我構思「去規模化經濟」這個主題的文章，我在2013年於《哈佛商業評論》發表此文。

若沒有我的合著作者凱文·曼尼（Kevin Maney），我不可能完成這本書。凱文在閱讀前述這篇文章之後，鼓勵我寫這本書。他在推動本書背後思想方面，扮演了相當重要的角色。

賀曼·塔內賈

2018年於加州帕羅奧圖

注釋

第1章　去規模化

1. 曼尼於2016年11月3日訪談圖爾曼的內容。
2. Mary Meeker, "2016 Internet Trends Report," Internet Trends 2016—Code Conference, June 1, 2016, www.kpcb.com/blog/2016-internet-trends-report.
3. 事實上，摩爾首度提出後來被稱為「摩爾定律」的概念時，他預測電腦運算能力將每兩年增強一倍。但是，實際的變化速度太快了，因此他修改為每十八個月增強一倍。
4. Carlota Perez, *Technological Revolutions and Financial Capital: The Dynamics of Bubbles and Golden Ages* (Northampton, MA: Edward Elgar Publishing, 2003), 151.
5. Carl Benedikt Frey and Michael A. Osborne, "The Future of Employment: How Susceptible Are Jobs to Computerisation?" (Oxford: Oxford Martin School, University of Oxford, 2013), www.oxfordmartin.ox.ac.uk/downloads/academic/The_Future_of_Employment.pdf.

第2章　人工智慧世紀

1. Solomon Fabricant, "The Rising Trend of Government Employment," National Bureau of Economic Research, New York, 1949.
2. Ben Popper, "First Interview: Chris Dixon Talks eBay's Purchase of Hunch," *Observer*, November 21, 2011, http://observer.com/2011/11/chris-dixon-ebay-hunch.
3. Michael Kanellos, "152,000 Smart Devices Every Minute In 2025: IDC Outlines the Future of Smart Things," *Forbes*, March 3, 2016, www.forbes.com/sitcs/michaelkanellos/2016/03/03/152000-smart-devices-every-minute-in-2025-idc-outlines-the-future-of-smart-things/#acfb0a34b63e.
4. Michael Kanellos, "The Global Lighting Market by the Numbers, Courtesy of Philips," Seeking Alpha, October 23, 2008, https://seekingalpha.com/

article/101408-the-global-lighting-market-by-the-numbers-courtesy-of-philips.

5. John Stackhouse, "Back Off, Robot: Why the Machine Age May Not Lead to Mass Unemployment (Radiologists, Excepting)," Medium, October 29, 2016, https://medium.com/@StackhouseJohn/back-off-robot-why-the-machine-age-may-not-lead-to-mass-unemployment-radiologists-excepting-6b6d01e19822.
6. 曼尼於2016年7月13日訪談甘古利的內容。
7. Julie Sobowale, "How Artificial Intelligence Is Transforming the Legal Profession," *ABA Journal*, April 1, 2016, www.abajournal.com/magazine/article/how_artificial_intelligence_is_transforming_the_legal_profession.
8. Courtney Humphries, "Brain Mapping," *MIT Technology Review*, www.technologyreview.com/s/526501/brain-mapping.
9. 曼尼於2016年6月22日訪談霍金斯的內容。
10. 曼尼於2016年7月1日訪談寇斯林和湯普森的內容。
11. Kevin Maney, "Afraid of Crowds? Virtual Reality May Let You Join Without Leaving Home," *Newsweek*, July 30, 2016, www.newsweek.com/afraid-crowds-virtual-reality-without-leaving-home-485621.
12. 曼尼於2016年8月19日訪談羅斯戴爾的內容。
13. "Interstate Highway System," Wikipedia, https://en.wikipedia.org/wiki/Interstate_Highway_System.
14. 曼尼於2017年訪談弗萊費德的內容。
15. Bernard Mayerson, "Emerging Tech 2015: Distributed Manufacturing," World Economic Forum, March 4, 2015, www.weforum.org/agenda/2015/03/emerging-tech-2015-distributed-manufacturing.
16. Peter H. Diamandis and Steven Kotler, *Abundance: The Future Is Better Than You Think* (New York: Simon and Schuster, 2015), Kindle location 268.
17. Perez, *Technological Revolutions and Financial Capital*, 153–154.

第3章　能源業：你家將有自己的乾淨發電廠

1. 曼尼於2016年11月15日訪談帕泰爾的內容。
2. Max Roser, "Energy Production and Changing Energy Sources," Our World

in Data, https://ourworldindata.org/energy-production-and-changing-energy-sources.

3. Elon Musk, "Master Plan, Part Deux," Tesla, July 20, 2016, www.tesla.com/blog/master-plan-part-deux.
4. Tom Turula, "'Netflix of Transportation' Is a Trillion-Dollar Market by 2030—And This Toyota-Backed Finnish Startup Is in Pole Position to Seize It," *Business Insider*, July 2, 2017, http://nordic.businessinsider.com/this-finnish-startup-aims-to-seize-a-trillion-dollar-market-with-netflix-of-transportation--and-toyota-just-bought-into-it-with-10-million-2017-7.
5. "Grid Modernization and the Smart Grid," Office of Electricity Delivery and Energy Reliability, https://energy.gov/oe/services/technology-development/smart-grid.
6. "MIT Energy Initiative Report Provides Guidance for Evolving Electric Power Sector," Massachusetts Institute of Technology, December 15, 2016, https://energy.mit.edu/news/mit-energy-initiative-report-provides-guidance-evolving-electric-power-sector.
7. Ramez Naam, "Solar Power Prices Dropping Faster Than Ever," Ramez Naam, November 14, 2003, http://rameznaam.com/2013/11/14/solar-power-is-dropping-faster-than-i-projected.
8. Rob Wile, "How Much Land Is Needed to Power the U.S. with Solar? Not that Much," *Fusion*, May 10, 2015, http://fusion.net/how-much-land-is-needed-to-power-the-u-s-with-solar-n-1793847493.
9. Diamandis and Kotler, *Abundance*, Kindle 204. "Since humanity currently consumes about 16 terawatts annually (going by 2008 numbers), there's over five thousand times more solar energy falling on the planet's surface than we use in a year."
10. Jeffrey Michel, "Germany Sets a New Solar Storage Record," *Energy Post*, July 18, 2016, http://energypost.eu/germany-sets-new-solar-storage-record.
11. Quentin Hardy, "Google Says It Will Run Entirely on Renewable Energy in 2017," *New York Times*, December 6, 2016, www.nytimes.com/2016/12/06/technology/google-says-it-will-run-entirely-on-renewable-energy-in-2017.html?_r=0.

12. Tom Randall, "World Energy Hits a Turning Point: Solar that's Cheaper Than Wind," *Bloomberg Technology*, December 15, 2016, www.bloomberg.com/news/articles/2016-12-15/world-energy-hits-a-turning-point-solar-that-s-cheaper-than-wind.
13. Christopher Mims, "Self-Driving Hype Doesn't Reflect Reality," *Wall Street Journal*, September 25, 2016, www.wsj.com/articles/self-driving-hype-doesnt-reflect-reality-1474821801.
14. Kevin Maney, "How a 94-Year-Old Genius May Save the Planet," *Newsweek*, March 11, 2017, www.newsweek.com/how-94-year-old-genius-save-planet-john-goodenough-566476.
15. Katherine Tweed, "Utilities Are Making Progress on Rebuilding the Grid. But More Work Needs to Be Done," *Green Tech Media*, May 11, 2016, www.greentechmedia.com/articles/read/Utilities-Are-Making-Progress-on-Rebuilding-the-Grid.
16. Joanne Muller, "ChargePoint's New Stations Promise Fast Charge in Minutes for Your Electric Car," *Forbes*, January 5, 2017, www.forbes.com/sites/joannmuller/2017/01/05/chargepoints-new-stations-promise-fast-charge-in-minutes-for-your-electric-car/#7a769dee492d.

第4章　醫療保健業：基因組研究和人工智慧將幫助延長壽命

1. 曼尼於2016年12月30日訪談樂拉奇的內容。
2. "Life Expectancy," Centers for Disease Control and Prevention, FastStats, www.cdc.gov/nchs/fastats/life-expectancy.htm.
3. Richard D. Lamm and Vince Markovchick, "U.S. Is on Fast Track to Health Care Train Wreck," *Denver Post*, December 17, 2016, www.denverpost.com/2016/12/17/u-s-is-on-fast-track-to-health-care-train-wreck.
4. Gregory Curfman, "Everywhere, Hospitals Are Merging—But Why Should You Care?" *Harvard Health Blog*, April 1, 2015, www.health.harvard.edu/blog/everywhere-hospitals-are-merging-but-why-should-you-care-201504017844.
5. 曼尼於2016年11月3日訪談圖爾曼的內容。
6. Paula Span, "Going to the Emergency Room Without Leaving the Living

Room," *New York Times*, November 4, 2016, www.nytimes.com/2016/11/08/health/older-patients-community-paramedics.html.

7. Laurie Vazquez, "How Genomics Is Dramatically Changing the Future of Medicine," *The Week*, August 2, 2016, http://theweek.com/articles/639296/how-genomics-dramatically-changing-future-medicine.
8. 同上條注釋。
9. Jonathan Groberg, Harris Iqbal, and Edmund Tu, "Life Science Tools/Services, Dx, and Genomics," UBS Securities, May 2016.
10. Juliet Van Wagonen, "How Cleveland Clinic Stays on the Bleeding Edge of Health IT," *HealthTech Magazine*, March 9, 2017, https://healthtechmagazine.net/article/2017/03/how-cleveland-clinic-stays-bleeding-edge-health-it.
11. 曼尼於2016年12月30日訪談樂拉奇的內容。
12. Anthony Cuthbertson, "Plug Pulled on Robot Doctor After Humans Complain," *Newsweek*, March 30, 2016, www.newsweek.com/plug-pulled-robot-doctor-after-humans-complain-442036.
13. Nicholas J. Schork, "Personalized Medicine: Time for One-Person Trials," *Nature*, April 29, 2015, www.nature.com/news/personalized-medicine-time-for-one-person-trials-1.17411.
14. Kevin Kelly, *The Inevitable: Understanding the 12 Technological Forces That Will Shape Our Future* (New York: Penguin Group, 2016), Kindle edition, location 3521.
15. "Redefining the Future of Medicine: 72 Medical Device Startups Advancing Treatment and Prevention," CB Insights, September 15, 2016, www.cbinsights.com/blog/brain-scans-pacemakers-72-medical-device-startups-market-map-2016.
16. "PatientBank Is Creating a Unified Medical Record System," Y Combinator, August 10, 2016, https://blog.ycombinator.com/patientbank.
17. 同本章注釋14，Kindle 470。
18. Taylor Kubota, "Deep Learning Algorithm Does as Well as Dermatologists in Identifying Skin Cancer," *Stanford News*, January 25, 2017, http://news.stanford.edu/2017/01/25/artificial-intelligence-used-identify-skin-cancer.

19. "11 Health System CEOs on the Single Healthcare Problem They Want Fixed Tonight," *Becker's Hospital Review*, November 11, 2016, www.beckershospitalreview.com/hospital-management-administration/11-health-system-ceos-on-the-single-healthcare-problem-they-want-fixed-tonight.html.
20. David Cyranoski, "CRISPR Gene-Editing Tested in a Person for the First Time," *Nature*, November 15, 2016, www.nature.com/news/crispr-gene-editing-tested-in-a-person-for-the-first-time-1.20988.

第5章　教育業：教育個人化，利用多元管道終生學習

1. 曼尼於2017年1月13日訪談喬哈利的內容。
2. Ethan Forman, "ClassDojo App Helps Danvers School Keep Things Positive," *Salem News*, March 27, 2017, www.salemnews.com/news/local_news/classdojo-app-helps-danvers-school-keep-things-positive/article_6cc9e48e-7496–56da-95e2-bb22b7992311.html.
3. Peter Gray, "A Brief History of Education," *Psychology Today*, August 20, 2008, www.psychologytoday.com/blog/freedom-learn/200808/brief-history-education.
4. "List of United States University Campuses by Enrollment," Wikipedia, accessed April 2017, https://en.wikipedia.org/wiki/List_of_United_States_university_campuses_by_enrollment.
5. Arnobio Morelix, "3 Ways Student Debt Can Affect Millennial Entrepreneurs," Kauffman Foundation, May 27, 2015, www.kauffman.org/blogs/growthology/2015/05/3-ways-student-debt-can-affect-millennial-entrepreneurs.
6. 曼尼於2016年6月24日訪談薩爾曼・可汗的內容。
7. "Research on the Use of Khan Academy in Schools," SRI International, www.sri.com/work/projects/research-use-khan-academy-schools.
8. "Can MOOC Platforms Galvanise Universal Education in India?" *Your Story*, April 28, 2017, https://yourstory.com/2017/04/coursera-nikhil-sinha.

第6章 金融業：數位貨幣與財務健全

1. 曼尼於2016年7月11日訪談布洛克的內容。
2. Eugene Kim, "A 29-Year-Old Invented a Painless Way to Save Money, and Google's Buying into It," *Business Insider*, February 19, 2015, www.businessinsider.com/digit-ceo-ethan-bloch-interview-2015-2.
3. "A History of Federal Reserve Bank of Atlanta, 1914–1989," Federal Reserve Bank of Atlanta, www.frbatlanta.org/about/publications/atlanta-fed-history/first-75-years/the-bank-in-the-1960s.aspx.
4. "Credit Card," Encyclopedia Britannica, www.britannica.com/topic/credit-card.
5. Steve Schaefer, "Five Biggest U.S. Banks Control Nearly Half Industry's $15 Trillion in Assets," *Forbes*, December 3, 2014, www.forbes.com/sites/steveschaefer/2014/12/03/five-biggest-banks-trillion-jpmorgan-citi-bankamerica/#6db9672db539.
6. David Pricco, "SEC's New Jobs Act Title III Crowdfunding Rules: Overview and First Thoughts," *Crowdexpert*, http://crowdexpert.com/articles/new_jobs_act_titleiii_rules_overview_first_thoughts.
7. Mike Orcutt, "What the Hell Is an Initial Coin Offering," *Technology Review*, September 6, 2017, technologyreview.com/s/608799/what-the-hell-is-an-initial-coin-offering.
8. Jon Russell, "First China, Now South Korea Has Banned ICOs," *Techcrunch*, September 28, 2017, https://techcrunch.com/2017/09/28/south-korea-has-banned-icos.

第7章 媒體業：你喜愛的內容將會自動找上你

1. Trey Williams, "More People Subscribe to a Streaming Service than They Do Cable TV," *MarketWatch*, June 9, 2017, www.marketwatch.com/story/more-people-subscribe-to-a-streaming-service-than-they-do-cable-tv-2017-06-09.
2. 曼尼於2016年6月22日訪談唐翰的內容。
3. Stacey Lynn Schulman, "A Closer Look at the Future of Radio," *Radio Ink*, June 30, 2016, http://radioink.com/2016/06/30/closer-look-future-radio.

4. "Newspapers," Encyclopedia.com, www.encyclopedia.com/literature-and-arts/journalism-and-publishing/journalism-and-publishing/newspaper.
5. Sam Lebovic, "The Backstory of Gannett's Bid to Buy Tribune," *Columbia Journalism Review*, April 29, 2016, www.cjr.org/business_of_news/frank_gannett_robert_mccormick_and_a_takeover_bids_backstory.php.
6. "Television Facts and Statistics—1939 to 2000," Television History—The First 75 Years, www.tvhistory.tv/facts-stats.htm.
7. Lara O'Reilly, "The 30 Biggest Media Companies in the World," *Business Insider*, May 31, 2017, www.businessinsider.com/the-30-biggest-media-owners-in-the-world-2016-5/#28-prosiebensat1-291-billion-in-media-revenue-3.
8. "State of the News Media 2016," Pew Research Center, June 15, 2016, www.journalism.org/2016/06/15/state-of-the-news-media-2016.
9. Annette Konstantinides, "Nice Work if You Can Get It: The World's Highest-Earning YouTube Stars Who Make Up to $15m a Year from Their Online Shows," *Daily Mail*, December 6, 2016, www.dailymail.co.uk/news/article-4007938/The-10-Highest-Paid-YouTube-stars.html.
10. "More Americans Using Smartphones for Getting Directions, Streaming TV," January 29, 2016, Pew Research Center, www.pewresearch.org/fact-tank/2016/01/29/us-smartphone-use.
11. "Americans' Trust in Mass Media Sinks to New Low," Gallup, September 14, 2016, www.gallup.com/poll/195542/americans-trust-mass-media-sinks-new-low.aspx.
12. Raymond Winters, "Augmented Reality: Commercial and Entertainment Applications," Nu Media Innovations, June 29, 2016, www.numediainnovations.com/blog/augmented-reality-commercial-and-entertainment-applications.

第8章　消費性產品業：你買的都是你真正想要的東西

1. Max Chafkin, "Warby Parker Sees the Future of Retail," *Fast Company*, February 17, 2015, www.fastcompany.com/3041334/warby-parker-sees-the-future-of-retail.

2. Itamar Simonson and Emanuel Rosen, *Absolute Value: What Really Influences Customers in the Age of (Nearly) Perfect Information* (New York: HarperBusiness, 2014).
3. "List of Largest Consumer Markets," Wikipedia, https://en.wikipedia.org/wiki/List_of_largest_consumer_markets.
4. Ashley Lutz, "The American Suburbs as We Know Them Are Dying," *Business Insider*, March 5, 2017, www.businessinsider.com/death-of-suburbia-series-overview-2017-3?IR=T.
5. Jason del Ray, "Millennials Buy More Clothes on Amazon than Any Other Website," *Recode*, March 9, 2017, www.recode.net/2017/3/9/14872122/amazon-millennials-online-clothing-sales-stitch-fix.
6. "Shrinking Farm Numbers," Wessels Living History Farm, www.livinghistoryfarm.org/farminginthe50s/life_11.html.

第9章　政策：爲建造美好的人工智慧世紀做出重要抉擇

1. David Gershgorn, "Facebook, Google, Amazon, IBM, and Microsoft Created a Partnership to Make AI Seem Less Terrifying," *Quartz*, September 28, 2016, https://qz.com/795034/facebook-google-amazon-ibm-and-microsoft-created-a-partnership-to-make-ai-seem-less-terrifying.
2. Nanette Byrnes, "As Goldman Embraces Automation, Even the Masters of the Universe Are Threatened," *MIT Technology Review*, February 7, 2017, www.technologyreview.com/s/603431/as-goldman-embraces-automation-even-the-masters-of-the-universe-are-threatened/?utm_campaign=add_this&utm_source=twitter&utm_medium=post.
3. Nathaniel Popper, "The Robots Are Coming for Wall Street," *New York Times*, February 25, 2016, www.nytimes.com/2016/02/28/magazine/the-robots-are-coming-for-wall-street.html?_r=1.
4. "Occupational Changes During the 20th Century," Bureau of Labor Statistics, www.bls.gov/mlr/2006/03/art3full.pdf.
5. Yale Law School, Information Society Project, https://law.yale.edu/isp.
6. "ANSI: Historical Overview," ANSI, www.ansi.org/about_ansi/introduction/history.

7. Julia Belluz, "In an Amazing Turnaround, 23andMe Wins FDA Approval for Its Genetic Tests," *Vox*, April 6, 2017, www.vox.com/2017/4/6/15207604/23andme-wins-fda-approval-for-its-genetic-tests.
8. "Ethical, Legal and Social Issues in Genomic Medicine," National Human Genome Research Institute, www.genome.gov/10001740/ethical-legal-and-social-issues-in-genomic-medicine.
9. Adam Thierer and Michael Wilt, "The Need for FDA Reform: Four Models," Mercatus Center, September 14, 2016, www.mercatus.org/publications/need-fda-reform-four-models.
10. Erin Dietsche, "10 Things to Know About Epic," *Becker's Hospital Review*, January 20, 2017, www.beckershospitalreview.com/healthcare-information-technology/10-things-to-know-about-epic.html.

第10章　企業：爲規模化企業規劃一個去規模化的未來

1. CB Insights, "Disrupting Procter & Gamble: Private Companies Unbundling P&G and the Consumer Packaged Goods Industry," April 19, 2016, www.cbinsights.com/blog/disrupting-procter-gamble-cpg-startups.
2. Nesli Nazik Ozkan, "An Example of Open Innovation: P&G," *Science Direct*, July 3, 2015, www.sciencedirect.com/science/article/pii/S1877042815039294.
3. "Improving Speed to Development—Lessons Learned While Building Aviation Apps on Predix," Predix Developer Network, January 12, 2017, www.predix.io/blog/article.html?article_id=2265.
4. "Frequently Asked Questions," Small Business Administration, www.sba.gov/sites/default/files/FAQ_Sept_2012.pdf.
5. Alexei Oreskovic, "Amazon Isn't Just Growing Revenue Anymore—It's Growing Profits," *Business Insider*, April 28, 2016, www.businessinsider.com/amazons-big-increase-in-aws-operating-margins-2016-4.
6. Jeff Bezos, "2016 Letter to Shareholders," Amazon.com, April 12, 2017, www.amazon.com/p/feature/z6o9g6sysxur57t.

第11章　個人：人人都是創業家，把人生當作新創企業經營

1. "Multiple Generations @ Work," Future Workplace, http://futureworkplace.com/wp-content/uploads/MultipleGenAtWork_infographic.pdf.
2. 曼尼於2017年4月15日訪談里夫斯的內容。
3. Kelly, *Inevitable*, Kindle 4211.
4. Darius Tahir, "IBM to Sell Watson's Brainpower to Speed Clinical and Academic Research," *Modern Healthcare*, August 28, 2014, www.modernhealthcare.com/article/20140828/NEWS/308289945.

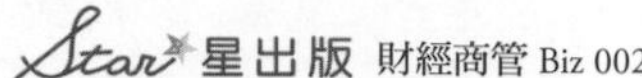

小規模是趨勢

掌握AI和新一代新創公司如何改寫未來經濟模式

UNSCALED

How AI and a New Generation of Upstarts Are Creating the Economy of the Future

作者 —— 賀曼・塔內賈 Hemant Taneja
凱文・曼尼 Kevin Maney
譯者 —— 李芳齡

總編輯 —— 邱慧菁
特約編輯 —— 吳依亭
校對 —— 李蓓蓓
封面完稿 —— Javick 工作室
內頁排版 —— 立全電腦印前排版有限公司

讀書共和國出版集團社長 —— 郭重興
發行人兼出版總監 —— 曾大福
出版 —— 星出版
發行 —— 遠足文化事業股份有限公司
231 新北市新店區民權路 108 之 4 號 8 樓
電話：886-2-2218-1417
傳真：886-2-8667-1065
郵撥帳號：19504465 遠足文化事業股份有限公司
客服專線 0800221029
法律顧問 —— 華洋法律事務所 蘇文生律師
製版廠 —— 中原造像股份有限公司
印刷廠 —— 中原造像股份有限公司
裝訂廠 —— 中原造像股份有限公司
登記證 —— 局版台業字第 2517 號

出版日期 —— 2019 年 07 月 10 日第一版第一次印行
定價 —— 新台幣 400 元
書號 —— 2BBZ0002
ISBN —— 978-986-97445-4-6

星出版讀者服務信箱 —— starpublishing@bookrep.com.tw
讀書共和國網路書店 —— www.bookrep.com.tw
讀書共和國客服信箱 —— service@bookrep.com.tw
歡迎團體訂購，另有優惠，請洽業務部：886-2-22181417 ext. 1132 或 1520

國家圖書館出版品預行編目（CIP）資料

小規模是趨勢：掌握 AI 和新一代新創公司如何改寫未來經濟模式／賀曼・塔內賈（Hemant Taneja）、凱文・曼尼（Kevin Maney）著；李芳齡譯 . 第一版 . -- 臺北市 : 星出版 , 2019.07
304 面；14.8x21 公分 . --（財經商管；Biz 002）.
譯自：Unscaled: How AI and a New Generation of Upstarts Are Creating the Economy of the Future

ISBN 978-986-97445-4-6（平裝）

1. 資訊社會 2. 人工智慧 3. 產業發展

541.415 108010487

新觀點
新思維
新眼界

Star
星出版